Die Weisheit der Landfrauen

Garten · Küche · Gesundheit

Hinweis

Dieses Buch wurde nach dem aktuellen Wissensstand sorgfältig erarbeitet. Dennoch erfolgen alle Angaben ohne Gewähr. Verlag und Autoren haften nicht für eventuelle Nachteile oder Schäden, die aus den im Buch gegebenen Hinweisen resultieren.

Die in diesem Buch enthaltenen Ratschläge ersetzen nicht die Untersuchung und Betreuung durch einen Arzt.

© Naumann & Göbel Verlagsgesellschaft mbH
Emil-Hoffmann-Straße 1
D-50996 Köln
Texte: Hans-Werner Bastian, Ute Dick, Peter Himmelhuber, Dr. Rita Mielke
Rezepte: Jutta Gay, Nova Libra, Edina Stratmann, TLC Fotostudio
Gesamtherstellung: Naumann & Göbel Verlagsgesellschaft mbH
Alle Rechte vorbehalten

ISBN 978-3-625-17221-5
www.naumann-goebel.de

Die Weisheit der Landfrauen

Garten · Küche · Gesundheit

Inhalt

Einleitung

Allenthalben ist es spürbar: Immer mehr Menschen besinnen sich heute auf die Schätze der Natur, auf eine naturnahe Lebensweise und eine natürlich-unverfälschte Ernährung. Das ist kein Zufall: Es hat Zeiten gegeben, in denen der euphorische Glaube an eine hochtechnisierte Zukunft mit unbegrenzten Möglichkeiten unser aller Leben beherrscht hat. Inzwischen sind wir ernüchtert und wissen zumindest um den hohen Preis, den wir für ein Leben auf der Hightech-Überholspur zahlen. Und so halten wir inne, richten den Blick zurück – und entdecken dabei neue – neue alte – Werte.

Eine neue Wertschätzung für das Alte, das Traditionelle, das Ursprüngliche wird heute lebendig – für die Produkte der Natur, die nicht industriell, sondern bäuerlich-handwerklich verarbeitet sind; für Traditionen, die auf jahrhundertealten Gewohnheiten beruhen; für alte Bauernregeln, Kochrezepte, Kräuterkunde, die zuweilen in Büchern, häufiger noch in den Berichten und Erinnerungen von Landfrauen anzutreffen sind, die über einen jahrhundertealten Wissens- und Erfahrungsschatz verfügen.

Damit einher geht das Interesse an der weitgehend in Vergessenheit geratenen Lebenswelt auf dem Land: Wie war das eigentlich früher? Welche Gemüse wurden im Garten angepflanzt? Weshalb wurden solche riesigen Mengen Kartoffeln benötigt? Wie wurden Lebensmittel konserviert? Und weshalb setzte man für so viele kleine und größere Wehwehchen auf alte Hausmittel statt auf ärztliche Hilfe oder Medizin aus der Apotheke? Der Wunsch, die eigenen Wurzeln wieder zu erspüren, das eigene Leben ein bisschen mehr zu erden, eine Atmosphäre zu schaffen, in der Dinge und Menschen uns Geschichte(n) erzählen – dieser Wunsch lässt uns auf Spurensuche gehen nach den Landfrauen und ihrer Weisheit.

Unsere Aufmerksamkeit richtet sich dabei insbesondere auf jene Lebensräume, die die Landfrauen einst als „ihr Reich" ansahen – die Küche und den Garten.

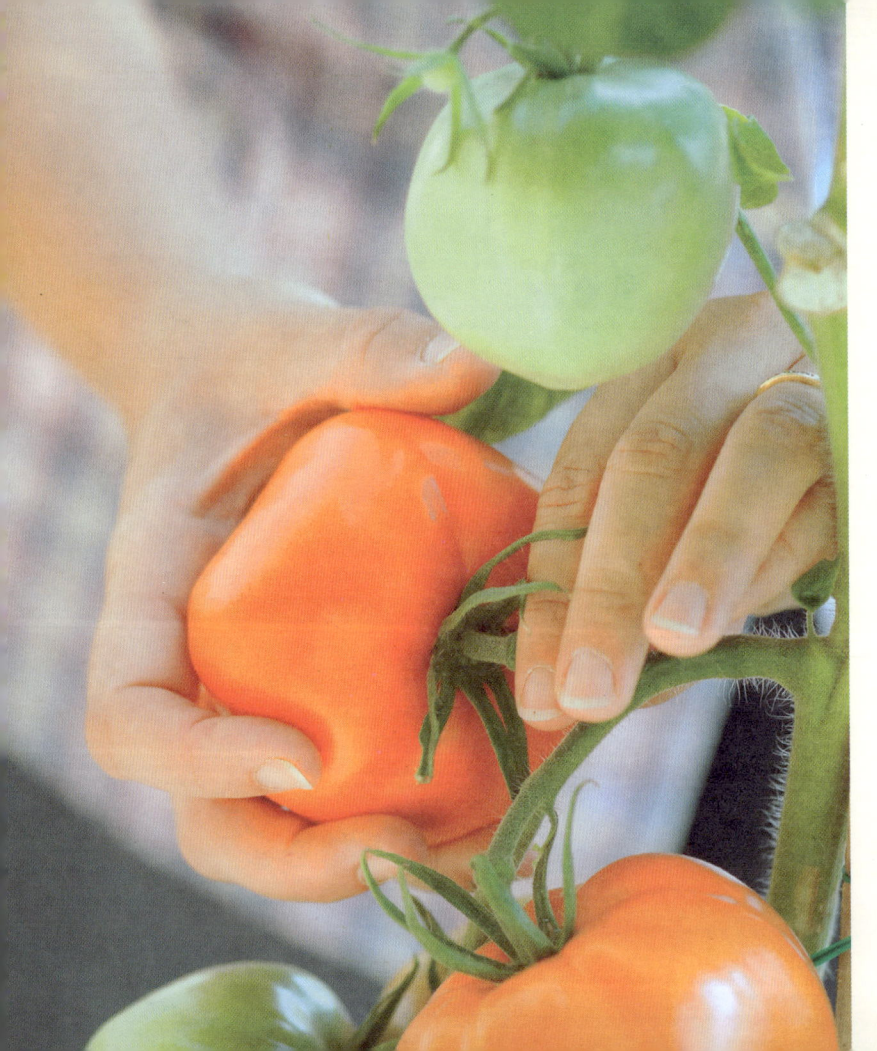

Die Küche war das Herzstück für jedwede Form weiblicher Tätigkeit. Von der Küche aus wurde die Versorgung der zumeist großen Familien – in der Regel mit mehreren Generationen unter einem Dach – organisiert. Die Küche war der Ort der sommerlichen Vorratshaltung: Alles, was im Garten und auf dem Feld geerntet wurde, musste dort für die Versorgung im Winter konserviert werden. Die Küche im ländlichen Umfeld war viel mehr als ein Funktionsraum – sie war ein Lebensraum.

Und der Garten? Heute versorgen wir uns auf dem Markt oder im Supermarkt regelmäßig mit frischem Obst und Gemüse. Unsere Vorfahrinnen produzierten ihre Vorräte selbst. Und so groß ihr Küchenwissen, so umfangreich war das Gartenwissen, ein Fundus an Erfahrungen aus Generationen von Frauen, die ihre Tipps und Tricks für den Anbau, die Aussaat, den

Schutz vor Schädlingen und die besten Erntezeiten an die jeweils nachfolgende Generation weitergaben.

Mit Erstaunen stellen wir heute fest, wie groß der Wissensschatz der Landfrauen von einst war, wie viel von dem sie bereits vorweggenommen haben, was heute umfangreiche wissenschaftliche Studien erforschen und belegen. Das gilt nicht zuletzt auch für das überlieferte Gesundheits- und Schönheitswissen der Landfrauen. Wenn wir unserem Körper etwas Gutes tun wollen, wenn wir kleinere oder größere Zipperlein kurieren wollen, greifen wir – nicht immer, aber immer öfter – auf die bewährten Hausmittel und -rezepte unserer Ahninnen zurück: Denn die nebenwirkungsfreien heilenden Kräfte der Natur beweisen in zahlreichen Fällen, dass gegen die vielen täglichen Beschwerden von Leib und Seele durchaus ein Kraut gewachsen ist!

Damit verbindet sich die Erkenntnis, dass wir wieder lernen müssen, unser Leben langsamer zu leben, bedächtiger, behutsamer zu werden im Umgang mit der Natur, mit unseren Mitmenschen, mit uns selbst. „Slowfood" statt „Fastfood", eine neue Wertschätzung für regionale Produkte und traditionelle handwerkliche Herstellungs- bzw. Verarbeitungsmethoden, auch wenn – oder gerade weil – sie zeitaufwendiger und nicht auf Quantität, sondern auf Qualität ausgerichtet sind. Zu viele Fleisch-, Fisch- und Lebensmittelskandale haben uns vorsichtig werden lassen und unser Vertrauen in Massenware, Convenience- und Billigprodukte erschüttert. Der Massenexodus aus den heimischen Küchen in die Fastfood-Tempel hat eine Gegenbewegung ausgelöst – zurück an den heimischen Herd, der sprichwörtlich „Goldes wert" ist, und zurück in das kleine Gärtlein hinterm Haus, in dem sich Kräuter und vielleicht ein bisschen Obst und Gemüse züchten lassen.

Wir zweifeln immer mehr an einer Lebensweise und Ernährungsgewohnheiten, die zwar satt machen – aber dabei doch unseren Hunger nicht stillen können nach einer Kultur des Essens, die immer auch eine sinnlich-emotionale Qualität beinhaltet. Und so richten wir den Blick zurück: Landlust allenthalben – wir besinnen uns zurück auf alte Küchen- und Kochtraditionen, auf das Glück des Gärtnerns im eigenen kleinen Nutzgarten und auf bewährte und erprobte Hausmittel.

Wohl dem, der jetzt noch eine Urgroßmutter oder Tante irgendwo auf dem Land hat, die mit Tipps und Tricks und tollen Rezepten aushelfen kann. Denn auf den Spuren der Landfrauen und ihrer Fertigkeiten ist ein bisschen Nachhilfe durchaus erforderlich.

Für alle, denen eine solch professionelle Rückendeckung bei den ersten Schritten auf ländlichem Terrain fehlt, haben wir das vorliegende Buch zusammengestellt: Es enthält eine reiche Auswahl dessen, was kluge Landfrauen über Generationen an Garten-, Küchen- und Heilwissen zusammengetragen haben – leckere Rezepte, nützliche Tipps für Haushalt und Gesundheit und viele praktische Anleitungen für den Garten.

„Die Weisheit der Landfrauen" ist ein Buch der Spurensuche – auch in den eigenen Kindheitserinnerungen. Es ist ja kein Zufall, dass unsere Lieblingsgerichte häufig die sind, mit denen wir als Kinder verwöhnt wurden, dass der Duft von frisch gebackenem Brot uns unweigerlich wieder in die Wohnküche der Großmutter entführt und wir uns bei Ohrenschmerzen immer noch an den mütterlichen Beistand mit den ätherischen Ölen einer erhitzten Zwiebel erinnern: Ein Stück dieser Kindheit im Herzen – und in der eigenen Küche – kann wahre (emotionale) Wunder wirken. Probieren Sie es aus – Sie werden staunen!

Genuss aus eigener Ernte

Nie war die Sehnsucht nach einem Leben im Einklang mit der Natur und im Rhythmus der Jahreszeiten so groß wie heute. Kein Wunder, erkennen doch immer mehr Menschen, dass das Tempovirus unserer Zeit, der Perfektionswahn und das Prinzip des „immer schneller, höher, weiter" auf Dauer krank machen. So besinnt man sich auf die Vorzüge einer „entschleunigten", naturverbundenen Lebensweise.

Der Frühling, der in der Luft liegt, der Sommer mit seinen Farben, der Herbst mit seinem Duft, der Winter, der Pflanzen und Bäume in bizarre Gebilde verwandelt: Nirgendwo lässt sich die Abfolge der Jahreszeiten so intensiv nachvollziehen wie im Garten. Und genau dorthin zieht es zunehmend gerade auch junge Menschen. Nach Jahrzehnten, in denen der Nutzgarten komplett aus der Mode gekommen war, entdecken wir heute seine vielfältigen Vorzüge wieder ganz neu. Dabei geht es weniger um ökonomische Aspekte als vielmehr um die „Erdung", die die Arbeit im Erdreich mit sich bringt, um die Naturnähe, nicht zuletzt um die Wertschätzung des von eigener Hand Produzierten: Was könnte

köstlicher sein als die erste Möhre aus eigener Zucht, frisch aus der Erde gezupft und noch im Garten verspeist? Das Wissen und der Erfahrungsschatz der Landfrauen im Umgang mit Sämereien, mit Pflanzen, mit alten Gemüsesorten oder Kräutern sind heute wertvoller und gefragter denn je. Denn wer weiß schon noch um die Erfordernisse eines Nutzgartens, um die Abfolge der notwendigen Arbeiten und um all die vielen Tricks und Tipps, mit denen unsere Ahninnen ihre Gemüsebeete in einen kleinen Garten Eden verwandelten?

Der verwilderte Schrebergarten der Großeltern kommt heute zu neuen Ehren und wird von den Enkeln und Urenkeln mit Begeisterung rekultiviert. Die Rasenflächen hinterm Haus werden umgegraben und wieder in Nutzgärten verwandelt. Und auch die eingestaubten Gartengeräte aus dem Gartenhäuschen werden aus ihrem Dornröschenschlaf geweckt und auf Vordermann gebracht. Aber damit allein ist es ja noch nicht getan. Jetzt ist guter Rat gefragt: Was eignet sich für den Gemüse-Kleinstgarten? Und was ist pflegeleicht genug für den Anfänger im Beet? Welche Sorten brauchen welche Böden? Und welche Obststräucher lassen üppige Erträge erwarten? Die Antwort kluger Landfrauen ist so simpel wie einleuchtend: Finger weg von allem Exotischen. Finger weg von allen hochgezüchteten und damit in der Regel äußerst empfindlichen Sorten. Das Bodenständige ist allenthalben die sicherste Bank.

Damit richtet sich der Blick gerade auf die Obst- und Gemüsesorten, die in den zurückliegenden Jahren und Jahrzehnten häufig in Vergessenheit geraten sind: Wer kennt schon noch Stielmus oder Pastinaken, Melde oder Mangold, Topinambur oder Petersilienwurzel? Und wer wüsste Sternrenette oder Grüne Stettinger als Äpfel zu identifizieren, geschweige, dass er sie schon einmal gekostet hätte? Rauke, einst ein beliebter Salat in deutschen Landen, war völlig von den Speiseplänen verschwunden, feiert heute jedoch unter seinem wohlklingenden italienischen Namen Rucola ein gewaltiges Comeback. Weißkohl und Rotkohl haben als Bestandteile urdeutscher Kochkunst alle Küchenstürme überstanden. Alte Obst- und Gemüsesorten sind in der Regel nicht wegen geschmacklicher Defizite ins gärtnerische Altenteil abgeschoben worden, sondern eher, weil sie sich nicht unbedingt für Massenanbau und Großproduktion eignen. Angesichts der Renaissance der kleinen privaten Gemüsegärten steht auch einer Wiederentdeckung solch traditionsreicher Gartenprodukte nichts mehr im Weg, sofern sich denn irgendwo noch ein bisschen Samen für eine Neuzucht erhalten hat. Gerade für ungeübte Hobbygärtnerinnen und -gärtner eignen sich diese alten Sorten hervorragend zum Einüben und Erfahrungsammeln. Dank ihrer Robustheit und Anspruchslosigkeit stecken sie auch den einen oder anderen gärtnerischen Anfängerfehler locker weg. Und außerdem belohnen sie die Mühen der Arbeit mit schönen Blüten, wunderbaren Düften und – vor allem – üppigen, wohlschmeckenden Früchten.

Denn eines können auch die leidenschaftlichsten Nutzgärtner und -gärtnerinnen heute nicht leugnen: So befriedigend die Arbeit in der Scholle sein kann, so frohmachend und beglückend die Erfahrung, unter den eigenen Händen das Wachsen und Gedeihen zu erleben: Am Ende soll doch der Lohn der Arbeit stehen. Und der führt in die Küche – und an den Herd. Und so mündet die aktuelle Garten- unweigerlich in die allenthalben spürbare neue Kochlust, oder umgekehrt: Nachdem viele junge Frauen – und Männer! – das eigene Kochen als entspannende, wohltuende, höchst befriedigende Alternative zu Fastfood und Fertigprodukten entdeckt haben, ist die logische Verlängerung dieser Faszination die Rückkehr in den eigenen Nutzgarten. Denn das in der Küche zu verarbeiten, was man selbst zuvor im eigenen Garten gezüchtet hat, ist ohne Frage ein Akt von geradezu archaischer Gefühlsqualität.

Der Küchengarten

Eigenes Gemüse ernten

Wenn Sie genügend Platz haben, sollten Sie es den Landfrauen gleichtun und sich einen schönen Gemüsegarten anlegen. Denn was schmeckt besser, als selbst geerntetes Gemüse? Und darüber hinaus können Sie sicher sein, dass es völlig natürlich und ohne Giftstoffe herangezogen wurde. Für eine Teilversorgung mit Gemüse müssen Sie ungefähr 30 bis 40 Quadratmeter Anbaufläche pro Person einplanen. Wählen Sie für Ihre Gemüsebeete einen möglichst sonnigen Standort aus. Schattige Plätze verzögern nicht nur das Wachstum der Pflanzen, sondern machen sie auch anfälliger für Krankheiten und Schädlinge. Ein sandig-lehmiger Boden, der Wasser und Nährstoffe gut festhalten kann, ist ideal. Ein guter Humusgehalt ist ebenfalls von Vorteil, da er die Ansiedlung nützlicher Kleinlebewesen fördert.

Was Sie in welcher Kombination in Ihre Gemüsebeete pflanzen, bleibt Ihrem eigenen Geschmack überlassen. Allerdings sollten Sie versuchen, das Gemüse im sogenannten Fruchtwechsel anzubauen. Setzt man beispielsweise Kartoffeln oder Tomaten Jahr für Jahr an dieselbe Stelle, ist der Boden rasch ausgezehrt, und die Erträge sinken. Kartoffeln und Tomaten, aber auch Gurken, Kürbisse und Zucchini gehören zu den Starkzehrern, das heißt, sie verbrauchen sehr viele Nährstoffe. An den Platz eines Starkzehrers sollte im Folgejahr im Idealfall ein Schwachzehrer treten, zu denen z. B. Bohnen, Möhren, Salate oder Zwiebeln gehören. Ein Beet lässt sich auch innerhalb einer Gartensaison mehrfach nutzen. Diese Mehrfachnutzung bezeichnet der Gärtner als Kulturfolge (meist eine Hauptkultur plus eine Vor- oder Nachkultur).

Fruchtgemüse – Tomaten brauchen viel Sonne und Wärme. Ideal ist eine Kultur im Gewächshaus oder unter einem transparenten Dach. Eine solche Dachkonstruktion ist vor allem in niederschlagreichen Sommern von Vorteil, da die Tomate zu viel Regen leicht übel nimmt. Faule Früchte sind die Folge. Der Boden sollte sehr nähr-

Frische Tomaten aus dem eigenen Garten schmecken unvergleichlich lecker.

21

stoffreich sein. Da die Tomate keinen Frost verträgt, darf sie erst ab Mitte Mai ins Freiland. Ob Stab- oder Buschtomaten – sie brauchen in jedem Fall einen Holzpfahl oder Spiralstab, an dem Sie die Pflanze hochbinden. Von der Aussaat bis zur Ernte vergehen in der Regel 10 bis 16 Wochen. Die Erntezeit erstreckt sich über den August und September. Tragen Ihre Pflanzen zum Herbstbeginn noch unreife Früchte, so können Sie auch diese abernten und sie nachreifen lassen.

Bei **Kürbispflanzen** ist die Unterteilung in Speise- und Zierkürbisse sowie in Sommer- und Winterkürbisse von Bedeutung. Was bei uns landläufig als Kürbis bezeichnet wird, sind die Winterkürbisse. Zu den Sommerkürbissen zählt beispielsweise die Zucchini. Wie der Name bereits vermuten lässt, erntet man die Winterkürbisse trotz früher Aussaat im April (Vorkultur) oder Mai (Freiland) später als ihre sommerreifen Verwandten. Die Erntezeit der Winterkürbisse beginnt erst im Herbst. Sie lassen sich gut lagern und können bei optimalen Bedingungen sogar bis ins Frühjahr hinein verwendet werden.

Landfrauen-Tipp

Ihren Gemüsegarten sollten Sie zwei bis drei Wochen vor dem Bepflanzen düngen. Dann haben sich die Nährstoffe bereits im Boden verteilt und können von den Pflanzen gut aufgenommen werden. Ein ausgezeichneter natürlicher Dünger für den Garten ist Tiermist wie Schaf- oder Pferdemist. Tierische Dünger haben nicht nur einen recht ausgewogenen Nährstoffgehalt, sondern darüber hinaus den Vorteil, dass sie auch sehr gut die Wärme im Boden halten.

Die mitunter auch als Gartenkürbis bezeichnete Zucchini wird bei deutschen Gartenbesitzern immer beliebter. Die Pflanze braucht einen humosen Boden und viel Sonne. Hat man im April keine Jungpflanzen vorgezogen, erfolgt die Direktsaat im Mai. Schon sechs bis acht Wochen später kann zum ersten Mal geerntet werden. Man sollte die Früchte nicht zu groß werden lassen. Jung und zart schmecken sie am besten, optimal ist eine Länge von 15 bis 20 cm. Die rasche Abernte der jungen Früchte hat zudem den Vorteil, dass die Pflanze mehr neue Blüten und so auch neue Früchte ausbildet. Man kann also über viele Wochen kontinuierlich ernten.

Kürbisse reifen im Spätsommer und Herbst. Sie lassen sich vielfältig verwerten.

Zucchini sollten möglichst jung geerntet werden, dann sind sie besonders zart.

Gurken lassen sich frisch zu Salat verarbeiten oder einkochen bzw. einlegen.

Gurkenpflanzen sind hierzulande eine beliebte Gemüsepflanze, sei es als Salat- oder als Einlegegurke. Die Pflanzen brauchen einen sonnigen und warmen Standort. Der Platz sollte außerdem windgeschützt sein. Achten Sie darauf, dass der Boden locker und humos ist, denn die Wurzeln benötigen viel Luft. Da Gurkenpflanzen sehr kälteempfindlich sind, können sie, sofern man keine Pflanzen vorgezogen hat, erst in der zweiten Maihälfte ausgesät werden. Meist kann man ab August mit der Ernte beginnen. Wenn man die reifen Früchte regelmäßig abpflückt, lässt sich dadurch der Ertrag meist steigern.

Landfrauen-Tipp

Saatgut keimt nie hundertprozentig. Mit Keimproben können Sie bestimmen, wie dicht ausgesät werden muss. Legen Sie hierzu auf eine flache Schale eine doppelte Lage Löschpapier. Breiten Sie darauf die Samenkörner gleichmäßig aus, decken Sie sie mit einer zweiten Lage ab und feuchten Sie sie an. Die Wartezeiten für Gemüsesämereien sind bei etwa 18 °C unterschiedlich lang. 10 Tage: Beifuß, Bohnen, Endivien, Erbsen Kohlarten, Kopfsalat, Kresse, Schwarzwurzeln, Zichorien; 13 Tage: Radieschen und Gartenkresse; 14 Tage: Gurken, Kürbis, Melonen, Mangold, Porree, Rote Bete, Tomaten, Zwiebeln; 21 Tage: Bohnenkraut, Borretsch, Karotten, Kerbel, Kümmel, Pastinaken, Spinat, Thymian; 28 Tage: Feldsalat, Majoran, Melisse, Petersilie, Sellerie, Spargel.

Bei den **Paprikagewächsen** unterscheidet man zwischen Gewürz- und Gemüsepaprika. Gewürzsorten, wie die Chilischote, aber auch die Gemüsesorten sind eigentlich ein wärmeres Klima gewöhnt. Sie können aber in unseren Breiten durchaus gedeihen, wenn sie einen sehr sonnigen, warmen und windgeschützten Standort haben. Was den Boden betrifft, sind Paprikapflanzen anspruchsvoll. Sie müssen in lockerer und durchlässiger Erde stehen, der Boden sollte humushaltig und reich an Nährstoffen sein. Mit der Jungpflanzenanzucht sollten Sie ab Anfang März beginnen. Die Auspflanzung ins Freiland kann zwischen Mitte Mai und Anfang Juni erfolgen. Die Erntezeit beginnt Ende Juli.

Kohlgemüse – Beim **Weißkohl** gibt es frühe, mittelfrühe und späte Sorten. Rot- und Weißkohl brauchen einen gut mit Dünger vorbereiteten Boden, müssen aber, wenn sich die Köpfe bilden, noch einmal nachgedüngt werden. Die Jungpflanzen, werden in der ersten Aprilhälfte in ein Frühbeet gepflanzt. Alternativ können Sie auch Setzlinge kaufen und diese direkt ins Freiland setzen. Die Kulturzeit der einzelnen Sorten geht sehr stark auseinander. Bei einigen beträgt sie 10, bei anderen bis zu 20 Wochen.

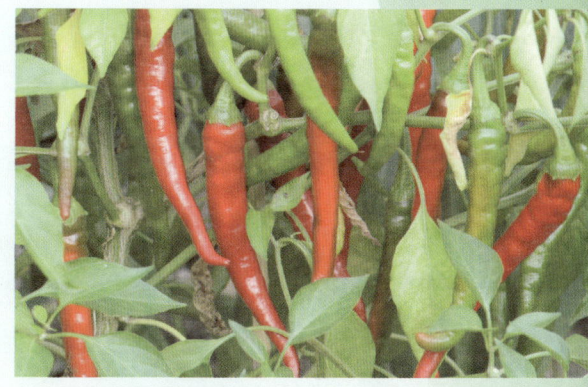

Chilischoten brauchen warmes Klima, gedeihen am besten im Gewächshaus.

Übrigens unterscheidet sich der **Wirsing** zwar geschmacklich vom Weißkohl, die Kultur ist jedoch vollkommen identisch. Beide Kohlsorten können leichten Frost ohne weiteres vertragen und können daher bis in den Winter hinein geerntet werden.

Weißkohl gibt es in frühen und späten Sorten. Letztere sind frostunempfindlich.

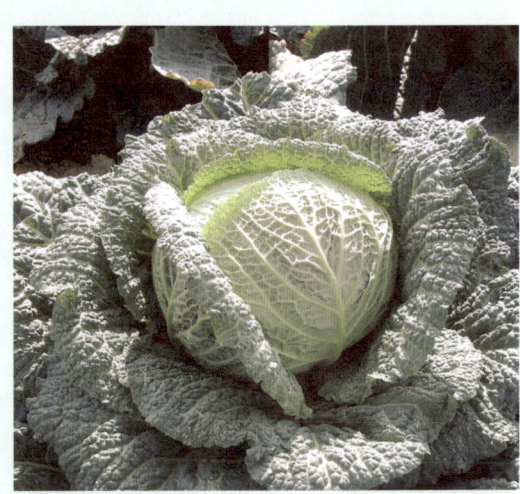

Wirsing ist ein besonders delikates Kohlgemüse für die anpruchsvolle Küche.

Der auch als Spargelkohl bezeichnete **Brokkoli** ähnelt dem Blumenkohl. Während dieser jedoch geschlossene Blüten bildet, verteilen sich die Blütenknospen des Brokkoli locker über die gesamte Pflanze. Der Brokkoli kann von Anfang April bis Mitte Juni ins Freiland ausgesät werden. Gepflanzt wird er von Ende Mai bis Ende Juli. Zehn bis zwölf Wochen nach der Aussaat kann geerntet werden. Die Sprosse werden in einer Länge von ungefähr 15 bis 20 cm abgeschnitten, bevor sich die Blüten öffnen.

Die Kultur des **Grünkohls** ist auch im Halbschatten möglich, er hat aber einen hohen Nährstoffbedarf. Ausgepflanzt wird von Juni bis August, ernten kann man den frostharten Kohl ab Oktober bis ins Frühjahr hinein.

Brokkoli gilt als besonders gesund. Er soll sogar vor Krebs schützen.

Der Grünkohl als typisches Wintergemüse kommt im Spätsommer auf die Beete.

Frische Gartenmöhren können roh gegessen oder gekocht werden.

Wurzel- und Knollengemüse − Möhren brauchen wie alle Rübengewächse einen lockeren Boden, damit sie sich unter der Erde gut ausbreiten können. Man unterscheidet bei den Möhren frühe, Sommer- und späte Sorten. Die frühen sät man bereits Ende Februar, die späten erst Anfang Mai. Die frühen Möhren sind nach 10 bis 14 Wochen erntereif. Die späten brauchen 22 bis 26 Wochen.

Landfrauen-Tipp

Fenchel ist sehr gesund, er fördert die Verdauung und enthält viel Vitamin C. Achten Sie allerdings darauf, neben Fenchel besser keine Tomaten zu pflanzen: Denn die rote Früchte tragenden Pflanzen mögen diese Knollen nicht und werden Ihnen eine zu enge Nachbarschaft mit wenig Aroma heimzahlen.

Der **Fenchel** ist eine äußerst vielseitige Nutzpflanze. Er bevorzugt lockeren und humushaltigen Boden. Man sollte die Erde reichlich mit Kompost versetzen. Die im April vorgezogenen Pflanzen können zwischen Mitte Juni und Mitte Juli ins Freiland gesetzt werden. Nach etwa 12 Wochen kann die erste Ernte eingebracht werden.

Will man im Garten **Kartoffeln** für den direkten Verbrauch anbauen, so eignen sich Frühkartoffeln am besten. Später reifende Sorten dagegen werden nach der Ernte meist eingelagert und sind aus diesem Grund nur bedingt für den Gartenanbau geeignet. Man lässt die Kartoffeln, bevor man sie in den Boden einsetzt, am besten etwas vorkeimen. Der Ertrag lässt sich so steigern, und die Ernte kann zwei bis drei Wochen früher erfolgen. Gegen Mitte April werden die Knollen in den Boden gesetzt. Frühkartoffeln werden meist Ende Juni geerntet. Das Beet kann anschließend noch für eine Nachkultur genutzt werden.

Kartoffelanbau im Garten lohnt nur, wenn das Grundstück besonders groß ist.

Landfrauen-Tipp

Auch der beste Boden braucht einmal eine Pause. Da Kartoffeln dem Boden nur sehr wenige Nährstoffe entziehen, sollten Sie sie im Wechsel mit anderen Gemüsearten anpflanzen. In der Küche sollten Sie frische Kartoffeln wie Nudeln oder Reis erst ins kochende Wasser geben: Dann werden sie nicht mehlig und Sie erhalten schnittfeste Kartoffeln für jede Art von Salaten. Alte Kartoffeln werden wieder schmackhaft, wenn Sie dem Kochwasser etwas Essig hinzufügen. Auch das Zugeben von etwas Milch kann hilfreich sein. Die Kartoffeln werden dann nicht dunkel, und der Geschmack wird verbessert.

Radieschen werden nach Bedarf mehrmals im Jahr neu ausgesät.

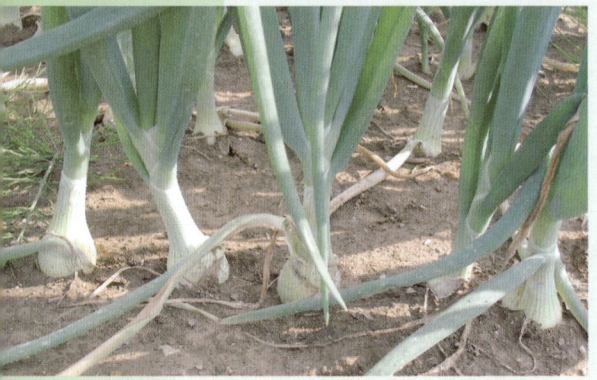

Zwiebeln werden im Frühjahr gesteckt oder im Herbst direkt ins Beet ausgesät.

Porree kann Frost vertragen. Man erntet ihn noch den ganzen Winter über.

Zwiebel- und Lauchgemüse – Sie erhalten im Handel Samen für viele verschiedene **Zwiebelsorten**. Sie unterscheiden sich in Größe, Farbe und Anbauart. Zwiebeln können gestaffelt angebaut werden, sodass sie im ganzen Jahr Saison haben. Der ideale Boden ist locker und durchlässig. Bereits im Februar kann man mit der Pflanzenanzucht beginnen, die Frühsaat ins Beet erfolgt Ende März oder später. Die sogenannten Winterzwiebeln dagegen sät man im August aus. Sie bleiben den Herbst und Winter über im Beet und werden im Frühjahr vereinzelt. Die Ernte der Frühsaaten kann man im August oder September in Angriff nehmen. Wer im Sommer Winterzwiebeln ausgesät hat, kann im Folgejahr ab Mai ernten.

Den auch als Lauch bezeichneten **Porree** erhalten Sie als Sommer-, Herbst- und Winterporree. Der Sommerporree wird bereits im März gesät, allerdings ins Frühbeet, den Herbstporree dagegen sät man im April direkt ins Freiland. Die Aussaat des Winterporrees erfolgt erst im Juni. Den Sommerporree erntet man ab Juli, den Herbstporree ab September. Der Winterporree kann während der kalten Jahreszeit im Beet bleiben und bis zum Frühjahr geerntet werden. Man sollte die Pflanzen jedoch beim Eintreten des ersten Frostes anhäufeln und etwas mit Reisig abdecken.

Hülsenfrüchte – Wer in seinem Garten Hülsenfrüchte anbau-en will, wird sich meist für Bohnen entscheiden, denn die Kultur von Erbsen und Linsen ist aufwendig und bringt wenig Ertrag. Wer mit wenig Aufwand viel ernten will, sollte sich für **Stangenbohnen** entscheiden. Sie sind wesentlich ertragreicher als **Buschbohnen**, aber dafür auch anspruchsvoller. Sie brauchen lockere humose Erde und einen warmen, geschützten Standort. Als Rankhilfe eignen sich Holzpfähle oder Metallstangen, die man in den Boden steckt. Wer-den Stangenbohnen Anfang Juni ausgesät, ist die erste Ernte 12 bis 16 Wochen später möglich. Bis in den Herbst hinein kann jedoch im-mer wieder durchgepflückt werden.

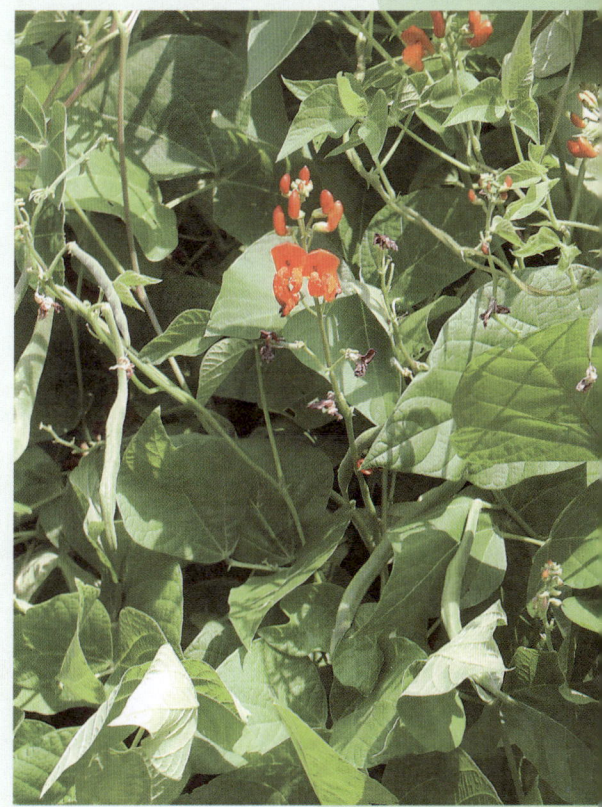

Die rot blühenden Feu-erbohnen sehen gut aus und liefern wohlschme-ckende Früchte.

Landfrauen-Tipp

Schneiden Sie den Kopfsalat so heraus, dass die Außenblätter an der Wurzel stehen bleiben – in der Küche werden sie sowieso meist weggeworfen: Dann treiben aus den Blattachseln viele frische Blätter, die wie Pflücksalat geerntet werden und wie Kopfsalat schmecken.

Salate – Gerade bei Salat und anderem Blattgemüse ist es wichtig, dass der Weg vom Feld bzw. vom Beet bis auf den Teller nicht zu lang ist, damit die Pflanzen nichts von ihrer Frische und Knackigkeit einbüßen.

Der Klassiker unter den Salaten ist der **Kopfsalat**, den man in aufeinander folgenden Sätzen vom Frühjahr bis zum Herbst anbauen kann. Man muss allerdings auf den richtigen Erntezeitpunkt achten. Sobald der Salat blüht – schießt, wie man auch sagt – ist er ungenießbar.

Neben dem Kopfsalat ist ein breites Spektrum verschiedenster Salatsorten erhältlich, die sich alle für den Gartenanbau eignen. Zu nennen sind hier beispielsweise der Schnittsalat, der Eissalat und der Feldsalat.

Der **Schnittsalat** bildet keine Köpfe, sondern aufrecht stehende Blätter aus und eignet sich vor allem als Frühjahrsgemüse. Der **Eissalat**, auch Krachsalat genannt, hat besonders feste Blätter, was ihn so knackig macht. Speziell für den Winterspeiseplan geeignet ist der **Feldsalat**, auch unter dem Namen Rapunzel bekannt. Er wird erst im August oder September ausgesät und kann vier Wochen später geerntet werden.

Grüner Kopfsalat ist der meistangebaute Salat in Deutschland.

Roter Lollo rossa und die grüne Form Lollo bionda stammen aus Italien.

Radicchio rosso kommt auch aus Italien und enthält viele Bitterstoffe.

Frisée-Salat ist die krausblättrige Variante des bekannten Endiviensalates.

Frische Kräuter für die Küche

Ist Ihr Garten groß genug, sollten Sie auf keinen Fall auf die An-lage eines Kräuterbeets verzichten. Im Gegensatz zum Gemüse-garten macht das Kräuterbeet, ist es einmal angelegt, nicht sehr viel Arbeit. Vom Frühjahr bis in den späten Herbst hinein können Sie Ihre zubereiteten Speisen mit schnittfrischen Küchenkräutern würzen. Und im Winter kommen dann die getrockneten oder ein-gefrorenen Vorräte zum Einsatz. Mit der richtigen Planung sind Sie also das ganze Jahr lückenlos mit Kräutern versorgt.

Das Kräuterbeet sollte im Garten einen etwas exponierten Standort haben, denn die Würzpflanzen brauchen sehr viel Son-ne. Ein idealer Unterbringungsort ist eine sogenannte Kräuterspi-rale (siehe Seite 44).

Ein Kräuterbeet in Szene zu setzen, lohnt sich in jedem Fall, denn die meisten Pflanzen sind nicht nur nützlich, sie sind auch meist schön anzusehen und duften verführerisch. Zum erholsa-men Aufenthalt im Garten kann es auch gehören, hier und da im Kräuterbeet ein Blatt abzuzupfen und mit dem intensiven Kräuteraroma die Nase zu verwöhnen.

Welche Kräuter Sie in Ihrem Garten kultivieren, hängt von Ihrem persönlichen Geschmack ab – im wahrsten Sinne des Wortes. Es empfiehlt sich jedoch, häufig verwendete Pflanzen wie Petersilie oder Dill auf jeden Fall mit einzuplanen. Damit Sie einen Eindruck erhalten, welche Kräuter sich für die Gartenkultur eignen und wozu man sie verwenden kann, stellen wir die wichtigsten Vertreter der Kräuterküche im Kurzportrait vor.

Petersilie – Petersilie wird meist einjährig kultiviert. Man erhält die Würzpflanze in gekräuselter und glatter Form. Die Samen keimen sehr langsam, daher muss man mit der Vorzucht früh beginnen. Kurz vor dem ersten Frost kann man die Pflanzen ins Beet setzen. Die Direktaussaat kann im Frühsommer erfolgen. Hat eine Pflanze mindestens acht Blätter getrieben, darf man ernten. Petersilie kann zur Vorratshaltung getrocknet werden, oder man friert sie ein.

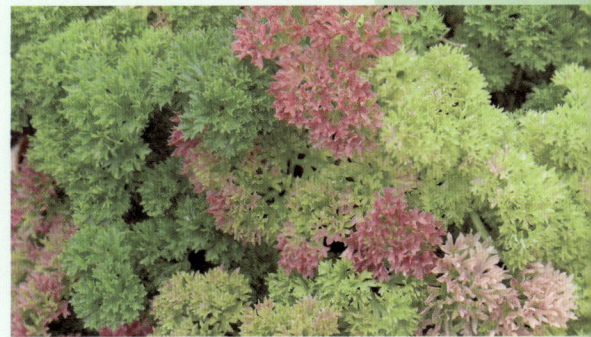

Die krause Petersilie gibt es mittlerweile in wunderschönen Farbtönen.

Landfrauen-Tipp

Frische Petersilie „belebt" getrocknete Kräuter: Die Frische geht auf die getrockneten Kräuter über. Probieren Sie es einfach einmal aus und geben Sie die gleiche Menge frischer Petersilie mit getrocknetem Dill, Basilikum, Majoran oder Rosmarin in ein verschließbares Glas. Einige Stunden wirken lassen: Der Unterschied im Geschmack wird Sie verblüffen!

Bohnenkraut ist als typisches Würzkraut für Bohnengerichte bekannt.

Bohnenkraut – Das Bohnenkraut ist eine einjährige Würzpflanze. Man kann es im Mai direkt ins Freiland aussäen und dann von Juni bis September ernten. Wie der Name bereits verrät, eignet sich Bohnenkraut vor allem als Geschmacksverstärker für Bohnengerichte. Bei anderen Speisen sollte man Bohnenkraut wegen seines intensiven Geschmacks nur sparsam verwenden.

Schnittlauch – Der Schnittlauch gehört zu den wichtigsten Gewürzen in der Kräuterküche. Er findet vor allem bei der Zubereitung von Salaten Verwendung, passt aber auch gut zu Suppen, Eierspeisen oder Fischgerichten. Der Schnittlauch wird im zeitigen Frühjahr ins Freiland ausgesät. Geerntet werden kann er, sobald die Pflanzen ca. 15 cm hoch sind.

Schnittlauch gehört in jedes Kräuterbeet.

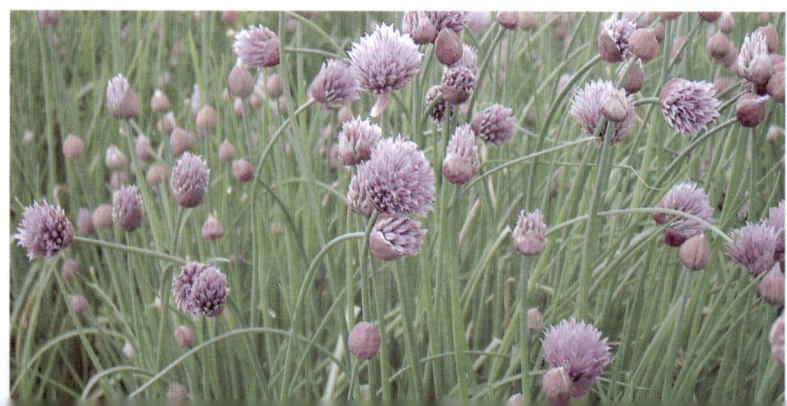

Basilikum – Das **Basilikum** ist einjährig. Es wird im Mai ausgesät und kann von Juni bis November geerntet werden. Man verwendet Basilikumblätter frisch zu Tomaten oder im Salat, beliebt ist aber auch die Herstellung von Pesto, einer italienischen Basilikumsauce. Kleingeschnitten und in Öl eingelegt lässt sich Basilikum gut konservieren.

Basilikum gehört zur italienischen Küche. Passt sehr gut zu Tomaten.

Oregano – Bei der Kultur von Oregano empfiehlt es sich, vorgezogene Pflanzen zu kaufen oder sie selbst vorzuziehen. Kurz vor dem letzten Frost kann man sie ins Freiland setzen. Sind die Pflanzen 15 cm hoch, kann man zum ersten Mal ernten. Will man die Pflanzen trocknen, wartet man, bis sie kurz vor der Blüte stehen, dann abschneiden und kopfüber aufhängen. Später Blätter abstreifen und weiter trocknen.

Oregano, der wilde Majoran, kommt ursprünglich aus dem Mittelmeerraum.

Majoran – Der Majoran ist verwandt mit dem Oregano, er stellt eine etwas süßere Variante dar. Er wird meist einjährig kultiviert, ist aber manchmal auch winterhart. Majoran wird im Topf vorgezogen und darf erst nach dem letzten Frost ins Freiland. Sind die Pflanzen 15 cm hoch, darf geerntet werden. Für den Winter lässt sich Majoran trocknen oder einfrieren.

Landfrauen-Tipp

Ist Ihr Kind erkältet, hilft Majoranbutter, die Nase wieder freizubekommen. Diese können Sie auf folgende Weise selbst herstellen: Pulverisieren Sie einen Teelöffel getrockneten Majoran mit einem Mörser und füllen Sie ihn in ein hitzefestes Glas. Geben Sie nun einen Teelöffel Weingeist hinzu, verschließen das Glas fest und lassen es einige Stunden stehen. Fügen Sie jetzt einen Teelöffel Butter hinzu und erwärmen Sie das Ganze im Wasserbad, bis die Butter geschmolzen ist. Nehmen Sie das Glas aus dem Wasser, rühren Sie die Mischung um und geben Sie sie durch Filterpapier in einen Salbentiegel. Reiben Sie die Majoranbutter mehrmals täglich in oder unter die Nasenlöcher Ihres Kindes.

Majoran stammt aus Indien. Er passt zu Fleischgerichten und Würsten.

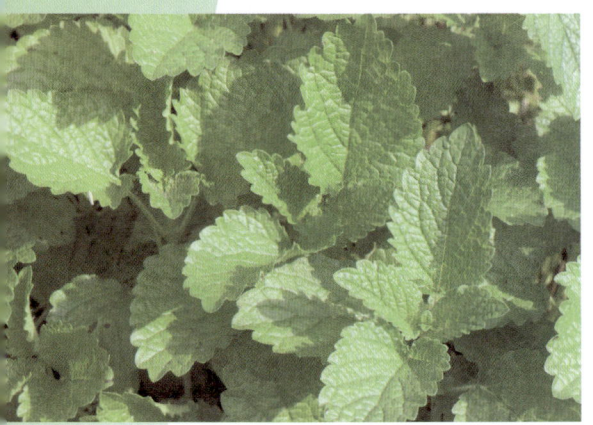

Zitronenmelisse ist winterhart und wird als Würz- und Heilkraut verwendet.

Pfefferminze wird zum Aromatisieren von Salaten und Gemüsen verwendet.

Melisse – Die Melisse, auch Zitronenmelisse genannt, ist winterhart, mehrjährig und wird bis zu 60 cm hoch. Die Aussaat ins Freiland erfolgt kurz vor dem letzten Frost. Ernten kann man während der gesamten Saison. Zum Trocknen Blätter kurz vor der Blüte abschneiden. Frisch verwendet man die Melisse zur Verfeinerung von Salaten und Saucen, Gemüse, Geflügel und Fisch, getrocknet nutzt man sie als Teekraut.

Pfefferminze – Die Pfefferminze ist winterhart und mehrjährig. Sie wird bis zu 1 m hoch. Will man Minze kultivieren, kauft man am besten Pflanzen, die man im Frühjahr oder Sommer ins Beet setzt. Ein halbschattiger Standort ist ideal. Sind die Pflanzen 15 cm hoch, kann zum ersten Mal geerntet werden. Die Pfefferminze eignet sich in frischer oder getrockneter Form besonders gut für Teeaufgüsse.

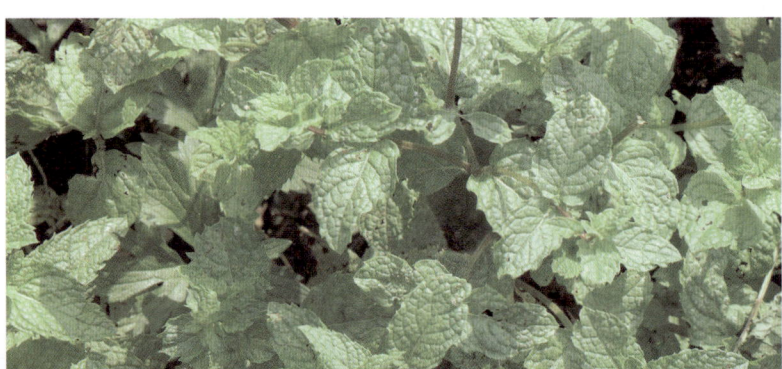

Estragon – Das Aroma des Estragons erinnert leicht an Lakritze. Die Pflanze ist mehrjährig und winterhart. Sie kann bis zu 60 cm hoch werden. Die gekauften Jungpflanzen werden im Frühjahr oder Sommer ins Kräuterbeet gesetzt. Ernten kann man während der gesamten Saison. Für die Nutzung der frischen Pflanze schneidet man einzelne Triebspitzen ab, zum Trocknen werden ganze Zweige abgetrennt. Estragon dient zur Verfeinerung von Salaten, Saucen oder Geflügelgerichten. Bekannt ist Estragon außerdem als Essigaroma.

Dill – Der Dill gehört bei uns zu den beliebtesten Küchenkräutern. Die Pflanzen sind einjährig, aber winterhart, sodass sie im Folgejahr wieder aus der Erde sprießen. Nach dem letzten Frost kann man den Dill ins Freiland aussäen, mit der Vorkultur kann man bereits fünf Wochen früher beginnen. Dillpflanzen brauchen viel Sonne und einen feuchten Boden. Wenn die Pflanzen eine Höhe von etwa 15 cm erreicht haben, kann zum ersten Mal geerntet werden. Will man den Dill zum direkten Verbrauch ernten, schneidet man einzelne Blätter ab. Möchte man getrocknete Vorräte anlegen, sollte man warten, bis die Pflanzen kurz vor der Blüte stehen, und dann ganze Stängel abschneiden. Zum Trock-

Estragon mit seinem mild-scharfen Aroma gehört in die Sauce Vinaigrette.

Dill passt als frisches Grün gut zu Gurkensalaten und Fischgerichten.

nen hängt man den Dill kopfüber auf und streift später die Blätter vorsichtig von den Stängeln ab. Dill kann in der Küche sehr vielfältig eingesetzt werden. Er passt zu Suppen und Dressings, Fisch, Geflügel und vielem mehr.

Salbei – Der Salbei ist ein mehrjähriger winterharter Halbstrauch, der bis zu 1 m hoch werden kann. Vorgezogene Pflanzen setzt man nach dem letzten Frost ins Freiland. Mit der Direktaussaat sollte man bis zum späten Frühjahr warten. Kleinere Mengen für den Direktverbrauch können Sie jederzeit ernten. Mit der Ernte für den Wintervorrat sollten Sie frühestens Mitte August beginnen. Die abgeschnittenen Stängel werden zur Lufttrocknung aufgehängt. Salbei passt zu vielen Fleischgerichten und zu Gemüse. Getrocknet kann er als Teeaufguss bei Erkrankungen des Rachenraums verwendet werden.

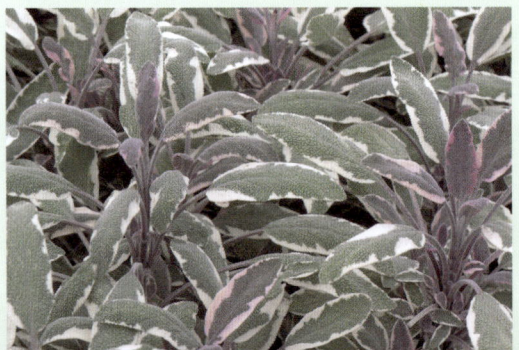

Salbei hat in der italienischen Küche einen festen Platz.

Rosmarin – Der Rosmarin gehört zu den Klassikern unter den Gewürzen und sollte in keinem Kräuterbeet fehlen. Der Halbstrauch ist nicht in allen Regionen winterhart und wird bis zu 90 cm groß. Da die Samen sehr langsam keimen, ist der Kauf von Pflanzen empfehlenswert. Nach dem letzten Frost setzt man den Rosmarin ins Beet. Geerntet werden kann während der gesamten Saison, die Pflanze eignet sich aber auch zum Trocknen (auf einem Gitter oder in der Mikrowelle). Rosmarin passt zu vielen Fleisch- und Fischgerichten und verschiedenem Gemüse.

Rosmarin wird frisch und getrocknet in der Mittelmeerküche verwendet.

Thymian – Der mehrjährige winterharte Halbstrauch kann kurz vor dem letzten Frost ausgepflanzt werden. Zur direkten Verwendung schneidet man einzelne Triebspitzen ab, zum Trocknen kurz vor der Blüte die ganzen Stängel, die zunächst aufgehängt und später auf einem Gitter oder in der Mikrowelle nachgetrocknet werden. Thymian ist als Gewürz fast universal einsetzbar. Er passt zu vielen Fleisch- und Fischgerichten, zu Salat und Gemüse.

Thymian riecht stark würzig und hat einen herben Geschmack.

Die Kräuterspirale bietet den Pflanzen optimale Wuchsbedingungen.

Eine Kräuterspirale anlegen

Wie bereits eingangs zu diesem Kapitel gesagt, brauchen Kräuter in der Regel einen sehr sonnigen Standort. Eine beliebte Möglichkeit, den Kräutergarten attraktiv in Szene zu setzen, ist die Anlage einer Kräuterspirale. Je nachdem, wie groß die Spirale werden soll, heben Sie einen Kreis von 1–2 m Durchmesser spatentief aus. Für den Aufbau können Sie Natur- oder Backsteine verwenden, die Sie mit einer leichten Neigung nach innen zu einer spiralförmigen Mauer aufbauen.

Die Steine werden nur aufeinandergelegt, Mörtel kommt nicht zum Einsatz. Die Kräuterspirale sollte nicht höher als 80 cm sein, damit man noch gut an alle Pflanzen heranreicht. Wichtig ist, dass der Teil, in dem sich die Spirale abflacht, nach Südosten zeigt. So bekommen die Kräuter die größtmögliche Menge an Sonnenlicht.

Schon während man die Spirale aufbaut, füllt man sie innen zur Stabilisierung mit grobem Schotter.

Oben bringt man eine Substratschicht aus Sand, Kies und Erde auf. Mischen Sie das Substrat so an, dass es in den höheren Regionen der Spirale sandiger ist und nach unten immer erdiger wird.

So schaffen Sie oben gute Bedingungen für wärmeliebende Kräuter wie Bohnenkraut und Salbei, in der Mitte gedeihen z. B. Schnittlauch und Dill am besten und unten feuchtigkeitsliebende Pflanzen wie die Melisse.

Die Kräuterspirale wird in der vorgesehenen Größe aus dem Erdreich geformt.

Am Fuß der Spirale beginnend werden die Steine nun nebeneinander ausgelegt.

Die Zwischenräume der Steine mit Erde füllen, bis die Konstruktion stabil ist.

Obst aus eigener Ernte

Auch im kleinsten Garten können Sie problemlos ein paar Beeren-sträucher unterbringen. Sie passen sogar ins Zierbeet und liefern schö-ne Früchte. Wer Kinder hat, sollte auf keinen Fall darauf verzichten, Erdbeeren anzubauen. Sie sind pflegeleicht und gehören zu den beliebtesten Früchten. Wenn Sie an einer sonnigen Hauswand ein Spalier bauen oder eine Pergola errich-ten, haben Sie ideale Voraussetzungen zum Anbau von Wein oder Kiwis. Für die Pflanzung von Obstbäumen muss zunächst aller-dings ausreichend Platz vorhanden sein.

Erdbeeren sind der Renner

Anders als Obstbäume und Beerensträucher, die zu den Gehölzen gehören, sind die Erdbeeren *(Fragaria vesca)* staudenartige Pflan-zen. Sie bilden krautige Büschel, die im Herbst verwelken und in den Wurzeln überdauern. Im Frühjahr treiben sie dann wieder aus. Typisch sind die dreilappigen Blätter und die kleinen cremeweißen Blüten, die eine Verwandtschaft mit den Rosengewächsen erken-nen lassen.

Die Früchte sind keine echten Beeren, sondern Scheinbeeren, zumal sie ihre Samen nicht innen bilden, sondern außen auf der Schale. Die Samen, die sich als kleine gelbe Pünktchen abzeichnen, sind botanisch gesehen Nüsse. Die Sammelnussfrüchte enthalten Vitamin C und Catichene, die antibakteriell wirken und zudem Schwermetalle binden können. Außerdem sind sie reich an Mineralstoffen, Spurenelementen, Ballaststoffen und anderen Wirkstoffen. Leider sind Erdbeeren nicht für alle Personen verträglich. Gelegentlich kommen nach dem Verzehr Hautausschläge vor. Vermutlich ist dies aber auf den Einsatz von Spritzmitteln zurückzuführen. Es

Frisch geerntete Erdbeeren aus dem Garten sind viel aromatischer als gekaufte.

Stroh zwischen den Erdbeerpflanzen hält die Früchte trocken und sauber.

lohnt sich, eigene Erdbeeren im Garten zu kultivieren, die nur mit biologischen Mitteln behandelt werden.

Durch den Einsatz mehrerer verschiedener Sorten gibt es vom Juni bis zum Herbst ständig frische Früchte zu ernten. Neben großfrüchtigen Züchtungen sind auch kleinfrüchtige empfehlenswert. Diese mit den Wildarten nahe verwandten Pflanzen bilden den ganzen Sommer hindurch Früchte. Die Kultursorten sind dagegen auf eine Haupterntezeit beschränkt. Bei der Auswahl von Sorten für den Garten ist natürlich auch der Geschmack wichtig. Beim Probieren – z. B. bei Bekannten oder Nachbarn – können gute Sorten gleich für die Vermehrung vorgemerkt werden. Die Stauden lassen sich auch als Zierpflanzen einsetzen. Sie bilden flächige Bestände, wenn sie sich ungehindert ausbreiten können.

Herkunft: Die wilde Walderdbeere ist weltweit in Regionen mit gemäßigtem Klima verbreitet. An der Züchtung war neben anderen Arten auch die Chile-Erdbeere (F. chiloensis) beteiligt. Mittlerweile sind mehr als 1000 Sorten verbreitet. Neben großfrüchtigen Sorten, die nur einige Jahre tragen, sind in Versandgärtnereien auch ausdauernde Monatserdbeeren zu bekommen. Sie dienen vorzugsweise als Bodendecker.

Standort: Erdbeeren wachsen auf jedem Gartenboden. Den typischen Waldpflanzen bekommt eine reichliche Humusversorgung gut. Die großfrüchtigen Sorten bleiben nur wenige Jahre vital. Für sie ist ein Standortwechsel nötig. Die Monatserdbeeren sind viele Jahre ertragsfähig. Der Standort kann halbschattig liegen. Zur Fruchtreife ist natürlich ein sonniger Platz günstiger.

Pflanzung: Eine günstige Pflanzzeit ist im Spätsommer. Dann wachsen die Pflanzen noch vor dem Winter an und bringen im nächsten Jahr schon eine üppige Ernte hervor. Möglich ist aber auch eine Pflanzung im Frühjahr. Die ersten Erdbeeren reifen im Juni. Sie leiten die Obsterntezeit ein. Der Hauptertrag der großfrüchtigen Sorten setzt im dritten Jahr ein. Danach bauen sie ab, sodass eine Nachpflanzung erforderlich wird. Diese sollte jedoch nicht am selben Standort erfolgen, weil der Boden ausgezehrt und mit Stoffwechselausscheidungen angereichert ist. Vielmehr ist ein Standortwechsel nötig. Bewährt hat sich eine Reihenpflanzung. Sie erleichtert die Pflege und die Ernte. In Erdbeerplantagen erfolgt die Pflanzung auf kleinen Dämmen. Besonders auf schweren Böden bleiben die Pflanzen hier gesünder, weil die Wurzeln nicht mit Nässe zu kämpfen haben und der Boden besser belüftet wird. Im Garten ist sowohl eine Reihenpflanzung möglich als auch

Landfrauen-Tipp

Achten Sie beim Pflanzen von Erdbeeren darauf, dass das Herz der Pflanzen dicht über dem Boden steht. Erdbeeren verfaulen sonst leicht. Erdbeeren, die zu früh geerntet wurden, reifen nicht nach. Außerdem sollte man sie – wenn überhaupt – erst kurz vor dem Verzehr zuckern, da sie sonst weich werden.

49

eine Gruppenpflanzung in Verbänden. Zur besseren Platzausnutzung lassen sich Erdbeeren auch unter Obstbäumen und zwischen Sträuchern einsetzen. Wer keinen Garten hat oder keinen freien Platz, kann die Stauden sogar in Kübeln kultivieren. Hier haben sich Hängeerdbeeren bewährt.

Pflege: Nach der Pflanzung ist ausreichende Wasserversorgung bei Trockenheit nötig. Von Vorteil ist eine Mischkultur mit Knoblauch, der Grauschimmel abhält. Während der Blütezeit und Fruchtbildung empfiehlt sich das Mulchen mit Stroh, das die Früchte luftig und sauber hält.

Beerenobst hat überall Platz

Beerenobst ist besonders beliebt, weil die Früchte einen angenehmen süßsäuerlichen Geschmack aufweisen und dazu viele Vitamine und Mineralstoffe enthalten. Sie sind aber auch ausgesprochen empfindlich und bekommen bei unsachgemäßem Transport schnell Druckstellen. Das Angebot auf den Märkten ist aus diesem Grund meist nicht besonders reichhaltig. Umso mehr bietet es sich an, selbst Beerensträucher im Garten zu kultivieren, weil dann die beste Qualität unmittelbar frisch geerntet werden kann.

Tipps für die Verarbeitung und Zubereitung
Alle Beerenfrüchte sollten Sie nach der Ernte nur kurz waschen. Die Stängel, Blütenblätter und Kelche werden am besten erst unmittelbar vor dem Verzehr oder der Weiterverarbeitung entfernt. So vermeiden Sie, dass unnötig Saft austritt und Aromastoffe verloren gehen. Je nach Geschmack gibt man zu rohen Beeren etwas Zucker. Gern werden die Früchte auch zu Marmeladen, Gelees oder Saft verarbeitet.

Johannisbeere *(Ribes-Sorten)*
Merkmale: Die Rote Johannisbeere stammt von verschiedenen Wildarten ab, die in Europa und Westasien heimisch sind. Die kleinen Gehölze aus der Familie der Steinbrechgewächse (Saxifragaceae) haben in jedem Garten Platz. Obwohl die Pflanzen selbstfruchtbar sind, sollten stets mehrere Exemplare verschiedener Sorten gesetzt werden. Das begünstigt die Befruchtung und verlängert die Erntezeit. Das Sortiment bietet diverse rote, schwarze und gelbe bzw. weiße Züchtungen in Strauch- oder auch Stammform. Die Schwarze Johannisbeere mit ihrem kräftigen Aroma gehört bei uns zu den wertvollsten Früchten mit einem besonders hohen Vitamin-C-Gehalt.

Johannisbeeren lassen sich in jedem Garten unterbringen. Die meisten Sorten sind rot, es gibt aber auch aromatische weiße Sorten.

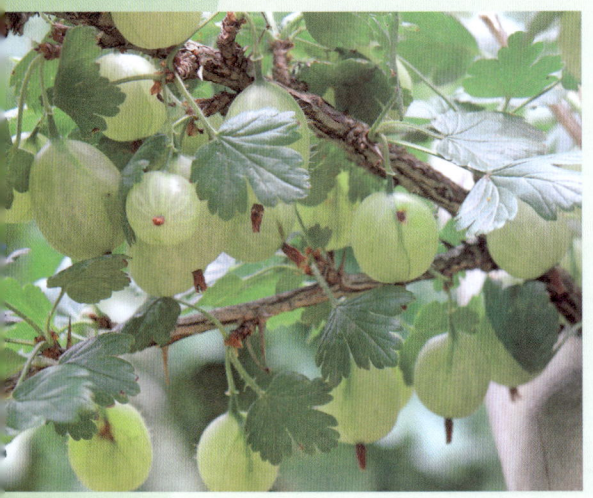

Stachelbeeren reifen je nach Sorte von Mitte Juni bis in den August.

Standort: Alle Johannisbeersorten gedeihen am besten auf humosen Böden mit guter Wasserführung. Der Standort kann sonnig oder halbschattig sein.

Pflege: Neben dem regelmäßigen Auslichtungsschnitt, der die Verjüngung fördert, bekommt den Johannisbeerbüschen oder -bäumchen das Mulchen mit Kompost oder Grasschnitt gut. Es hält den Boden feucht und schützt das flache Wurzelwerk. Bei Stammformen, die auf wilde Goldjohannisbeeren veredelt sind, müssen gelegentlich Wildtriebe aus den Veredelungsunterlagen entfernt werden.

Stachelbeere *(Ribes uva-crispa)*

Merkmale: Wie die Johannisbeerbüsche zählen diese kleinen Sträucher oder Stämmchen nicht – wie die meisten Obstgehölze – zu den Rosengewächsen (Rosaceae), sondern zu den Steinbrechgewächsen (Saxifragaceae). Die mit Dornen bewehrten Gehölze entwickeln aus selbstfruchtbaren Blüten je nach Sorte rote, gelbe oder grüne Früchte. Die Pflanzung verschiedener Sorten verlängert die Erntezeit und macht unabhängiger gegen Ausfälle durch Krankheiten.

Standort: Die flachwurzelnden Büsche oder Bäumchen brauchen einen sonnigen Platz, etwa als kleine Hecke neben dem Gemüsegarten, mit reichlicher Humusversorgung.

Pflege: Der Schnitt im Spätwinter ist wichtig, um der vorzeitigen Vergreisung entgegenzuwirken. Zudem bekommt den Beerenobstpflanzen das Mulchen mit Kompost, Grasschnitt und dergleichen gut. Stämmchen brauchen ständig eine Stütze, damit die Kronen nicht umknicken.

Tipp: Viele Sorten haben immer wieder mit Mehltau zu kämpfen. Sie lassen sich kaum durch Spritzungen heilen. Wählen Sie deshalb solche Sorten, die resistent oder weniger anfällig für diese Pilzkrankheit sind.

Jostabeere *(Ribes x nidigrolaria)*

Sie ist durch Kreuzung von Schwarzen Johannisbeeren mit Stachelbeeren entstanden. Die Früchte sind fast so groß wie Stachelbeeren und schmecken nach Schwarzen Johannisbeeren. Die Sträucher erreichen auch die Größe von Johannisbeerbüschen. Jostabeeren enthalten viel Vitamin C und wirken gegen Erkältungskrankheiten.

Landfrauen-Tipp

Für die Verwendung in Konfitüren und Kompotten sollten Stachelbeeren gepflückt werden, sobald sie einen Durchmesser von 1 bis 1,5 Zentimetern haben. Lichten Sie Stachelbeeren und Johannisbeeren alljährlich nach der Ernte aus, damit die Jungtriebe genug Licht erhalten und Krankheiten vorgebeugt wird. Schneiden Sie hierzu überalterte und zu dicht stehende Zweige direkt über dem Boden ab und entfernen Sie auch alle nach innen wachsenden Triebe, sodass 6 bis 10 kräftige, gut verteilte Jungtriebe pro Strauch überbleiben.

Jostabeeren sind ein Kreuzung aus Schwarzen Johannisbeeren und Stachelbeeren.

Standort: Wie Johannisbeeren brauchen auch Jostabeeren einen Platz auf humosem Boden. Der Standort kann halbschattig sein. Ideal ist eine Gruppenpflanzung mit Johannisbeeren. Die Sträucher sind allerdings selbstfruchtbar und tragen auch in Einzelstellung.

Pflege: Das Mulchen des Bodens mit Kompost, Rindenmulch oder anderen organischen Stoffen hält den Boden feucht und trägt zur Humusversorgung bei. Im Winter erhalten die Büsche einen maßvollen Auslichtungsschnitt. Dabei genügt es, einige alte

Zweige direkt am Boden zu entfernen. Das begünstigt die Verjüngung und wirkt einer Vergreisung entgegen.

Himbeere *(Rubus idaeus)*

Merkmale: Diese typische Waldpflanze zählt zu den Halbsträuchern. Sie entwickelt keine ausdauernden Zweige, sondern bildet kurzlebige Bodentriebe. Als sogenannte Pionierpflanzen breiten sich Himbeeren stark durch Wurzelausläufer aus. Im Handel sind verschiedene Sorten erhältlich, die sich besser für den Garten eignen als Wildpflanzen.

Standort: Himbeeren brauchen lichte Plätze mit lockerem Boden. Das Mulchen mit Kompost, Grasschnitt und dergleichen hält sie gesund und wüchsig. Sehr gut bieten sich z. B. Hanglagen oder andere ungenutzte Flächen an, wo sie sich ausbreiten dürfen. Sonst sind sie besser an einem gepflegten Spalier aufgehoben.

Pflege: Die kurzlebigen Ruten müssen nach der Ernte abgeschnitten werden. Die Jungtriebe, die sich während des Sommers immer wieder aus dem Boden bilden, werden ausgedünnt und an ein Gerüst geheftet. Wichtig ist es, kranke Ruten unverzüglich abzuschneiden und zu verbrennen.

Himbeeren gehören zu den köstlichsten Früchten für den Rohverzehr.

Brombeeren enthalten sehr viel Zucker und verschiedene wertvolle Vitamine.

Brombeere *(Rubus-Sorten)*

Merkmale: Die erhältlichen Gartenbrombeeren sind durch Selektion und Kreuzung verschiedener Wildarten entstanden. Es gibt sommergrüne und immergrüne Züchtungen sowie dornenlose und solche mit bewehrten Trieben. Es sind Halbsträucher, die kein Geäst entwickeln, sondern kurzlebige Zweige. Brombeeren blühen im Sommer und fruchten im Herbst.

Standort: Wer genügend Platz etwa an einem ungenutzten Hang hat, kann diese wüchsigen Halbsträucher verwildern lassen. Bei strenger Kultur brauchen sie ein Spalier oder eine Kletterhilfe. Das kann auch ein Drahtzaun sein. Auf jeden Fall ist ein humoser Boden nötig.

Pflege: Eine strenge Erziehung ist nicht möglich, zumal die Triebe nur wenige Jahre erhalten bleiben. Vielmehr ist eine ständige Verjüngung nötig. Dazu werden nach der Ernte im Herbst oder im Spätwinter immer wieder einige alte Ruten entfernt. Junge Triebe bleiben erhalten. Falls nötig (bei Gefahr von strengen Frösten), bekommen sie einen Winterschutz. Außer der Verjüngung ist eine reichliche Humusversorgung, etwa durch das Mulchen mit Kompost, nützlich.

Heidelbeere *(Vaccinium corymbosum)*

Merkmale: Neben der heimischen Wildart gibt es Kulturheidelbeeren, die ursprünglich aus Nordamerika stammen. Sie bilden größere Büsche und entwickeln aus kleinen selbstfruchtbaren Glockenblüten etwa kirschgroße Früchte. Durch Züchtung sind verschiedene Sorten entstanden, die gleichermaßen anbauwürdig sind.

Standort: Heidelbeeren zählen wie Eriken und Rhododendren zu den Moorbeetpflanzen. Sie brauchen sauren Boden. Auf normalem, kalkhaltigem Gartenboden bekommen sie gelbe Blätter, tragen nur winzige Früchte und verkümmern. Sie brauchen also ein eigenes Beet mit selbstgemischtem Moorbeetsubstrat oder fertiger Rhododendronerde. Der Standort sollte halbschattig liegen.

Pflege: Kulturheidelbeeren bekommt man in gut sortierten Gärtnereien als kräftige Containerpflanzern. Die robusten und frostharten Büsche brauchen außer der regelmäßigen Nährstoff- und Wasserversorgung keine besondere Pflege.

Tipp: Heidelbeerbüsche lassen sich zusammen mit Preiselbeeren und Rhododendren in einem eigenen Moorbeet in Gruppen pflanzen. Dazu ist ein Erdaustausch nötig.

Die Kulturheidelbeere stammt aus Nordamerika und kann kirschgroß werden.

Landfrauen-Tipp

Der Fruchtertrag von Apfelbäumen verbessert sich, wenn im Bereich der Kronentraufe und einige Handbreit darüber hinaus Eisenfeilspäne in der Oberkrume untergegraben werden. Die Reife von Äpfeln können Sie leicht feststellen, wenn Sie folgende Regel beachten: Rotschalige Sorten sollten mindestens zur Hälfte rot sein. Kippen Sie die Frucht am Zweig ein wenig: Löst sich der Apfel nicht, sollte man mit der Ernte noch warten.

Kernobst

Beim Kernobst gibt es unterschiedliche Kronenformen, die von der Art, von der Sorte, von der Unterlage und vom Schnitt beeinflusst werden. Die Arten, also Apfel-, Birn- und Quittenbäume, unterscheiden sich in der Wuchsform und -stärke recht deutlich voneinander. So wachsen Apfelbäume breit und kugelig, Birnbäume ziemlich schlank und aufrecht und Quitten wiederum ähnlich den Apfelbäumen breit und kugelig. Entscheidend werden Apfel- und Birnbäume von der Veredelungs-Unterlage bestimmt (das ist das Stämmchen, worauf die Krone veredelt ist); die Quitten weniger, weil für sie nur zwei Unterlagen in Frage kommen. Für den Apfel gibt es die meisten verschiedenen Unterlagen; angefangen beim Sämling, der besonders große Kronen bildet, über die starkwüchsigen Typen-Unterlagen (spezielle Züchtungen) wie etwa Typ M 11 und M 25, die über 5 m hohe Bäume hervorbringen können, weiterhin über die mittelstark wachsenden Typen, wie etwa M 4 oder M 7, die ca. 3 bis 4,5 m hohe Bäume entwickeln, bis hin zu den schwach wachsenden Typen, wie etwa M 9 oder M 27, die nur 1,5 bis 3 m hohe Bäumchen bilden. Bei der Birne dienen vorwiegend Sämlinge und Quitten-Unterlagen als Veredelungsunterlagen, wobei Sämlinge einen kräftigen Wuchs und Quitten einen schwachen Wuchs bewirken.

Apfel *(Malus domestica)*

Merkmale: Dieses Kernobstgehölz ist weltweit in allen gemäßigten Regionen verbreitet. Es gibt davon mehr als 1000 Sorten, die alle ursprünglich von Wildapfelbäumen (M. sylvestris) abstammen. Sämlinge bringen meistens nur kleine Früchte (Holzäpfel) hervor. Die Sorten werden deshalb durch Veredelung vermehrt. Es gibt verschiedene Baumformen, und zwar vom klein bleibenden Spindelbusch bis zum mächtigen Hochstamm. Die Blütezeit dauert je nach Sorte von April bis Mai. Reife Früchte gibt es mit den Frühsorten bereits Ende Juli. Späte Sorten bleiben in einem kühlen Winterlager bis zum Frühjahr frisch.

Gesunde und gepflegte Apfelbäume tragen in guten Jahren reichlich Früchte.

Standort: Apfelbäume gedeihen als typische Waldrandpflanzen an weniger günstigen Gartenplätzen auch in Nordlagen. Natürlich lassen sie sich ebenso an vollsonnige Plätze setzen. Wichtig ist ein tiefgründiger, stets gut durchfeuchteter Boden ohne Staunässe.

Pflege: Nach der Pflanzung darf die Erziehung von Jungbäumen mittels Schneiden und Heften nicht vernachlässigt werden. Richtig erzogene Kronen brauchen dann nur noch ein wenig ausgelichtet zu werden. Gut bekommt den Bäumen eine reichliche Kompostversorgung im Wurzelbereich.

Tipp: Apfelbäume sind selbstunfruchtbar. Es sind also mehrere Exemplare nötig, um Früchte zu bekommen. Pflanzen Sie also stets mehrere Sorten in Gruppen.

Birne *(Pyrus communis)*

Merkmale: Dieses Kernobst wird – wie der Apfel – in allen gemäßigten Regionen der Erde angebaut. Es gibt ungezählte Züchtungen, die alle von der Wildbirne stammen. Diese entwickelt einen mächtigen Baum mit kleinen, holzigen Früchten (Holzbirnen). Für den Garten eignen sich veredelte Sorten besser, insbesondere die schwachwachsenden Veredelungen auf Quitten-Unterlagen.

Standort: Birnbäume brauchen einen sonnigen Stand auf tiefgründigen Böden mit gutem Wasserabzug. Am besten gedeihen sie auf lehmigen Sandböden. Besonders gut lassen sie sich als Spaliere an einer Südwand ziehen.

Birnen werden in den gemäßigten Zonen überall auf der Welt angebaut. Hier eine Mostbirne für die Saftherstellung.

Pflege: Die Pflege richtet sich nach der Erziehungsform. Hochstämme auf Sämlingsunterlagen brauchen nach der Erziehung und Formgebung in den ersten Jahren später nur gelegentlich einen Auslichtungsschnitt. Bei eher schwach wachsenden Buschbäumchen wirkt ein regelmäßiger Schnitt der vorzeitigen Vergreisung entgegen. Spalierbäumchen müssen am jeweiligen Gerüst gezogen werden.

Tipp: Birnen können auch ohne Bestäubung Früchte entwickeln (Jungfernfrüchtigkeit). Dennoch ist es förderlich, mehrere Sorten zu pflanzen, die sich dann gegenseitig bestäuben. Eine gute Befruchtersorte ist die 'Williams Christbirne'.

Landfrauen-Tipp

Birnenjungpflanzen sollen nicht höher als 6 Meter wachsen, und zwar mit flachen Fruchtästen, die nicht geschnitten werden. Entfernen Sie deshalb alle 5 bis 6 Jahre alles, was darüber hinausgewachsen ist, sowie alle steilen Triebe und Wasserschosse. Ernten Sie Birnen generell hart und lagern Sie sie bis zur Genussreife, sonst wird ihr Fruchtfleisch grobkörnig. Achten Sie darauf, dass der Lagerraum kühl und dunkel ist.

Quitte (Cydonia oblonga)

Merkmale: Mit das Erste, was die Lehrlinge in den Baumschulen kennenlernen, sind die Quitten. Der Biss in einen solchen „Apfel" ist äußerst einprägsam. Roh sind die Früchte knochenhart und kein Genuss. Die kleinen Bäumchen aus dem persischen Raum blühen ähnlich wie Apfelbäume weiß und fallen dann natürlich auch durch ihre Früchte auf. Sie werden erst geerntet, wenn der Flaum verschwindet und die Schale einen glänzend glatten Teint bekommt.

Standort: Im Garten passen Quitten gemeinsam mit anderem Strauchobst wie Felsenbirnen, Haseln oder Kornelkirschen in pflegeleichte Obsthecken oder auch freiwachsend etwa an Terrassen oder in den Vorgarten. Der Boden sollte tiefgründig, locker und kalkarm sein. Auf schweren, kalkhaltigen Böden bekommen sie leicht Chlorosen (erkennbar an gelben Blättern).

Die besonders aromatischen Apfelquitten sind meist etwas härter als die Birnenquitten.

Pflege: Quitten bilden große Büsche, die Apfelbuschbäumen sehr ähnlich sind. Sie lassen sich bis zum Boden beastet als Sträucher ziehen oder auch als kleine Stammbäumchen, wenn die unteren Äste entfernt werden. Sonst brauchen sie keine besondere Pflege.

Tipp: Es genügt ein Exemplar, um Früchte zu bekommen, denn Quitten sind selbstfruchtbar. Natürlich lassen sich auch mehrere Pflanzen nebeneinander kultivieren, so etwa Apfel- und Birnenquitten in verschiedenen Sorten (z. B. 'Bereczki', 'Vranja' oder die 'Konstantinopeler'). Die Sorten werden oft auf Weißdorn veredelt. Dann ist bei der Pflege auf Wildtriebe aus der Veredelungsunterlage zu achten. Diese müssen unverzüglich entfernt werden.

Steinobst

Beim Steinobst gibt es einige markante Unterschiede zwischen den verschiedenen Arten. Grundsätzlich ist wie beim Kernobst der Erziehungsschnitt entscheidend für den Wuchs. Später muss in der Regel nur noch ausgelichtet werden (mit Ausnahme des Pfirsichs, der wegen seiner Frostempfindlichkeit manchmal stark zurückzuschneiden ist). Anders als beim Kernobst, das sehr schnittverträglich ist und selbst einen Rückschnitt ins alte Holz recht gut verträgt, reagiert das Steinobst auf den Schnitt häufig mit „Gummifluss" (Austritt von gummiartiger Flüssigkeit).

Süßkirsche *(Prunus avium)*

Die wilde Vogelkirsche ist die „Mutter" aller Süßkirschen-Sorten. Dieses heimische Wildgehölz erwächst zu einem mächtigen Baum. Auch die meisten Veredelungen brauchen viel Raum zur Entfaltung. Alle Sorten sind selbstunfruchtbar. Es sind also mehrere Bäume erforderlich (z. B. auch in Nachbargärten), damit es zur Bestäubung der Kirschblüten und zur Fruchtentwicklung kommt.

Je nach Sorte dauert die Reifezeit der Früchte etwa vom Juni bis zum Juli. Die besonders schmackhaften „Herzkirschen" sind weichfleischig und daher wenig transportfest. Sie werden auch entsprechend seltener im Handel angeboten. Häufiger findet man die knackigen und festfleischigen „Knorpelkirschen".

Standort: Süßkirschenbäume brauchen tiefgründige, lehmhaltige Böden mit guter Durchlüftung und Wasserführung. Staunässe vertragen sie nicht. Zudem benötigen sie genügend Raum, um ihre großen Kronen zu entfalten. Ein sonniger Standort begünstigt die Fruchtreife.

Pflege: Nach der Erziehung sollten Süßkirschen nur wenig geschnitten werden, zumal sie von Natur aus breite, lichte Kronen entwickeln. Nur dürres Holz ist unverzüglich zu entfernen.

Sauerkirsche *(Prunus cerasus)*

Die Sorten dieses Steinobstbäumchens stammen von der wilden Weichselkirsche. Sie bleiben wesentlich kleiner als Süßkirschenbäume und entwickeln mehr oder weniger überhängende Triebe. Die Früchte entwickeln sich aus weißen Blüten je nach Sorte im Juni/Juli. Sie dienen mehr zur Konservierung als für den Frischverzehr. Es gibt selbstfruchtbare und selbstunfruchtbare Sorten. Ein Sortenmix fördert die Befruchtung.

Sauerkirschen werden vor allem zum Einmachen angebaut.

Standort: Für gutes Gedeihen brauchen Sauerkirschbäum-chen einen tiefgründigen Boden mit guter Wasserführung in sonniger Lage.

Pflege: Anders als Süßkirschenbäume bekommt den Sauer-kirschbäumen ein gelegentlicher Auslichtungsschnitt gut, zumal sie dichte Kronen entwickeln. Vor allem sollten immer wieder stark überhängende Triebe – sogenannte Peitschentriebe – einge-kürzt werden. Das kann im Sommer nach der Ernte oder auch im Spätwinter geschehen.

Pflaume, Zwetschge, Reneklode, Mirabelle *(Prunus domestica)*

Neben Kirschen, Pfirsichen und Aprikosen gehören Pflaumen zu den wichtigsten Steinobstarten im Garten. Zu den Pflaumen zählen auch die Zwetschgen, Renekloden und Mirabellen, die sich im Wesentlichen nur in der Fruchtform und Farbe sowie im Ge-schmack unterscheiden.

Alle Pflaumen heißen botanisch Prunus domestica. Sie stam-men ursprünglich aus dem Kaukasus und wurden wahrschein-lich – wie viele Obst-Arten – von den Römern im Mittelmeerraum und später auch nördlich der Alpen angesiedelt. Im Frühjahr sind die Bäume mit weißen Blüten übersät. Im Spätsommer bringen

Landfrauen-Tipp

Setzen Sie Pflaumen und Zwetschgen am besten eine Pyramidenkrone auf, die aus vier oder fünf Seitenleitästen besteht und über der Sie in lockerer Folge einige flache Fruchtäste anordnen. Die frühe Blüte wird häufig von Spätfrösten ausgedünnt. Es ist deshalb unter Umständen zweckmäßiger, die Krone jahrelang ungeschnitten zu lassen, ohne dass der Ertrag nennenswert sinkt. Ehe die Krone völlig vergreist, können Sie sie verjüngen, indem die Leitäs-te auf untere Verzweigungen abgesetzt werden.

67

Zwetschgen sind länglich-oval, blauviolett und haben grüngelbes Fruchtfleisch.

sie reichlich Frucht. Zwetschgen oder auch Zwetschen haben eine typische ovale Form und eine blaue Haut. Die bekanntesten sind die 'Hauszwetschgen'. Ähnliche Früchte trägt die 'Italienische Zwetschge'. Ihre Früchte sind aber deutlich größer als 'Hauszwetschgen'. Pflaumen unterscheiden sich durch die runde Fruchtform und die rote oder gelbe Farbe. Bekannte Sorten sind 'Königin Viktoria' und die 'Ontariopflaume'. Renekloden oder Reneclauden sind ebenfalls rund. Es gibt rote, gelbe und blaue Sorten, so etwa 'Graf Althans', 'Große Grüne Reneclaude' oder 'Quillins'. Auch die Mirabellen sind rund, aber deutlich kleiner. Die bekannteste ist wohl die 'Nancymirabelle'. Natürlich unterscheiden sich die Sorten auch im Geschmack, in der Reifezeit und in der Haltbarkeit. Der Ertrag ist sehr von der Bestäubung abhängig. Es gibt selbstfruchtbare und selbstunfruchtbare Sorten. Bei selbstfruchtbaren Sorten, wie etwa der 'Haus-zwetschge' genügt ein Exemplar, um schöne Früchte zu bekommen. Selbstunfruchtbare Sorten, wie die 'Große Grüne Reneclaude' fruchten nur, wenn sie Blütenstaub von anderen passenden Sorten abbekommen.

Standort: Die robusten Bäumchen wachsen auf praktisch jedem Gartenboden. Er sollte nährstoffreich und wasserführend sein. Eine sonnige Lage begünstigt auf jeden Fall die Fruchtreife.

Pflege: Ungepflegte Pflaumenbäume haben häufig mit Krankheiten zu kämpfen. Neben dem Schnitt und der Vernichtung kranker Zweige ist Bodenpflege erfahrungsgemäß das beste „Pflanzenschutzmittel". Kompostgaben auf die Baumscheiben sichern die Nährstoffversorgung und erhalten die Bodenfeuchtigkeit. Bei Bäumen, die im Rasen stehen, sollte das Gras stets kurz gehalten werden.

Pfirsiche haben einen besonders hohen Gehalt an Vitamin E. Bei stark tragenden Bäumen muss man die Äste unterstützen, damit sie unter der Last nicht abbrechen.

Landfrauen-Tipp

Pfirsiche enthalten viel Saft, aber so gut wie keine Pektine. Zum Einkochen sollten Sie daher die Pfirsiche entweder mit Johannisbeeren mischen oder genügend Gelierzucker benutzen. Die Hälfte Zucker können Sie sparen, indem Sie zu eingekochten Pfirsichen etwas Zitronensaft hinzufügen.

Pfirsich *(Prunus persica)*

Dieses kleine Steinobstgewächs, das ursprünglich aus China stammt, bildet eher einen Großstrauch als einen Baum, da es kein kräftiges Geäst entwickelt. Die meisten Sorten sind selbstfruchtbar. Es genügt also ein Exemplar. Mischpflanzungen sichern aber bessere Ernten, zumal Frostschäden immer wieder Ausfälle zur Folge haben.

Standort: Ideal sind geschützte, vollsonnige Südlagen oder bei Spaliererziehung Südwände. Sie brauchen tiefgründigen, humosen Boden mit gutem Wasserabzug. In rauen Regionen ist es besser, auf dieses empfindliche Obstgehölz zu verzichten oder es durch robustere Arten (z. B. Aprikosen) zu ersetzen.

Pflege: Wenn der Standort passt, entwickeln sich buschige Bäumchen. Zur Kräftigung des Geästs ist ein Rückschnitt der Zweige nützlich. Gut tragende Bäumchen sollten gestützt werden, um das Ausschlenzen (Ausbrechen) der Zweige zu verhindern.

Aprikose *(Prunus armeniaca)*

Diese kleinen Steinobstbäumchen waren ursprünglich vom Kaspischen Meer bis Nordchina verbreitet. Mittlerweile wurden sie in gemäßigten Regionen weltweit angesiedelt. Bei uns brauchen sie unbedingt geschützte Plätze. Obwohl das Holz robuster ist als etwa das des Pfirsichbaumes, kann in unseren Breiten die frühe Blüte Spätfrostschäden abbekommen.

Standort: Im Hausgarten bekommen Aprikosen einen vollsonnigen Platz auf tiefgründigem, nährstoffreichem, wasserführendem Boden. Sie lassen sich auch gut an Spalieren ziehen.

Pflege: Nach der Erziehung brauchen Aprikosen nur noch maßvoll geschnitten zu werden. Allerdings ist es erforderlich, kranke Triebe unverzüglich zu entfernen, um eine Ausbreitung der Welkeerreger zu verhindern. Günstig auf die Gesunderhaltung wirkt sich das Mulchen der Baumscheibe mit Kompost aus.

Aprikosen brauchen sonnige und frostgeschützte Plätze im Garten.

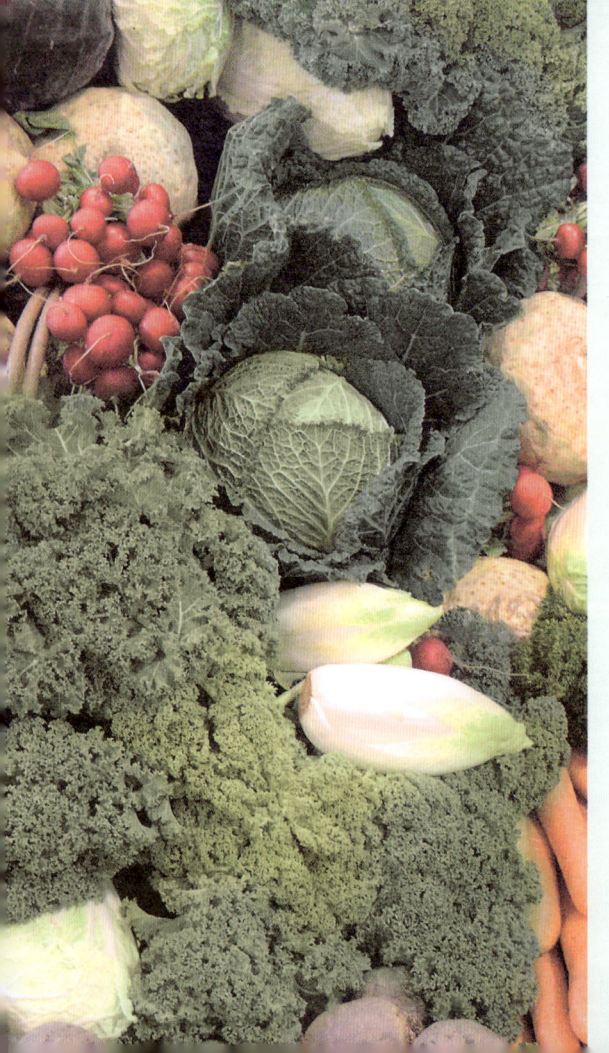

Das Gartenjahr

Januar

Der Januar ist im Jahresdurchschnitt der kälteste Monat. Bäume und Sträucher sind in der Saftruhe, Stauden überdauern den Winter im Boden.

Neben den ersten Aussaaten von Gemüse- und Sommerblumen ist noch Platz für Dattelkerne, Zitrussamen und andere exotische Früchte, die sich durch Samen vermehren lassen.

Die Kübelpflanzen im Winterquartier brauchen – wie die Zimmerpflanzen – mit zunehmender Tageslänge wieder mehr Wasser.

An trüben Tagen sollten die Jungpflanzen zusätzlich beleuchtet werden, damit sie nicht eingehen und kräftig aufwachsen.

Im Glashaus sind jetzt Bodenproben zu empfehlen; falls nötig, Kompost verteilen und einarbeiten.

Draußen beginnt bei mildem Wetter der Gehölzschnitt; gehäckseltes Holz ist ideal zum Mulchen unter Sträuchern und zur Anlage von Wegen.

Kontrollieren Sie gelegentlich den Winterschutz im Garten, und schütteln Sie, falls nötig, Nassschnee von den Zweigen.

Im Januar werden die Tage wieder länger. Jetzt ist die Zeit für die Saatgutbestellung und für die ersten Aussaaten (z. B. Kübelpflanzen aus exotischen Früchten).

Etwa gegen Ende des Monats bekommen auch die Zimmerpflanzen wieder mehr Wasser.

Februar

Der Februar ist für Gartenfreunde ein Monat der Vorbereitung, aber auch der ersten praktischen Arbeiten im Zier- wie im Nutzgarten.

Bei frostfreiem Wetter ist Pflanzzeit für Bäume und Sträucher.

Obstgehölze vertragen jetzt im Spätwinter den Schnitt am besten; es genügt in der Regel, zu dichte Bäume und Sträucher ein wenig auszulichten.

Ein Sonnenschutz ist an klaren Wintertagen nicht nur unter Glas, sondern auch im Garten nötig. Empfindliche Baumstämme bekommen einen Rindenschutz. Rosen schattiert man am besten mit Reisig, damit sie nicht zu früh treiben.

Bei frostfreiem Wetter beginnt die Zeit zum Veredeln der Obstgehölze.

Bevor Lupinen, Margeriten und andere Stauden wieder austreiben, sind die alten Stängel zurückzuschneiden.

Kübelpflanzen, die zu groß oder langstielig sind, vertragen den Rückschnitt jetzt am besten.

Etwa Ende Februar lässt sich das Glashaus oder Frühbeet für die erste Aussaat von Salat, Spinat, Kohlrabi und Radieschen nutzen.

Tomaten, Paprika und andere Gemüse, die jetzt gesät werden, brauchen viel Licht. An trüben Tagen ist eine künstliche Beleuchtung empfehlenswert.

Landfrauen-Tipp

Jede Landfrau kennt die Bauernregel „Januarsonne hat weder Kraft noch Wonne." Für das bäuerliche Arbeitsjahr stellt der Januar traditionell eine Zeit der Ruhe und Vorbereitung dar. So ist in der Winterruhe vor dem Frühjahrsaustrieb die beste Zeit zum Gehölzschnitt. Dabei fällt eine Menge Schnittgut an, das sich im Garten gut nutzen lässt. Dünne Zweige eignen sich beispielsweise zur Anlage eines Hügelbeetes, in dem sie den holzigen Kern bilden. Ansonsten werden die Zweige gehäckselt und zum Mulchen oder als natürlicher Wegbelag benutzt.

März

Endlich werden die Tage wieder spürbar länger – vom Monatsanfang bis zum Ende um fast zwei Stunden. Licht und Wärme wecken die Pflanzen.

Noch ist Zeit zum Schneiden der Bäume und Sträucher; jedoch nur noch zum Auslichten und für andere kleinere Eingriffe. Größere Eingriffe, wie etwa das Entfernen dicker Äste, sollten nicht mehr durchgeführt werden.

Ein Rückschnitt bei Sommerflieder und ähnlich empfindlichen Sträuchern, die oft vom Frost stark geschädigt wurden, fördert die Erholung.

Bei frostfreiem Boden ist wieder Pflanzzeit für alle Arten von Gehölzen und Stauden.

Wenn der Boden abgetrocknet und erwärmt ist, beginnt die Saatzeit bzw. Pflanzzeit für Möhren, Spinat, Salat, Rote Bete, Petersilie, Zwiebeln und andere Frühgemüse.

Landfrauen-Tipp

Eine alte Bauernregel rät: „Fürchte nicht den Schnee im März, darunter wohnt ein warmes Herz." Im März als erstem Frühlingsmonat fällt der „Startschuss" für die Gartenarbeit, aus gutem Grund heißt der Monat im Altdeutschen auch „Lenzmond". Wer mit Sicherheit gute Erträge erzielen möchte, sät jetzt am besten stets mehrere Sorten. Insbesondere bei Tomaten und anderen Gemüsearten, die eine lange Entwicklungszeit haben, lohnt sich dies in jedem Fall, damit es zu keiner „Missernte" kommt und wenigstens einige Pflanzen reichlich gute Früchte tragen.

Bevor der Rasen austreibt, lässt er sich durch Vertikutieren verjüngen und zum Wachsen anregen.

Zimmer- und Kübelpflanzen jetzt umtopfen. Bei langstieligen Oleandern, Engelstrompeten und anderen regt Rückschnitt zur Verzweigung an.

Vlies oder Folie schützen empfindliche Pflanzen weiterhin vor Nachtfrost und kaltem Wind und müssen regelmäßig kontrolliert werden.

Reifer Kompost sollte möglichst bald verbraucht werden, zumal der Regen die Nährstoffe auswäscht; man braucht jetzt ohnehin reichlich davon zum Pflanzen sowie im Gemüsegarten.

April

An milden Tagen beginnt die Natur jetzt mit Kraft zu sprießen. Blütengehölze öffnen ihre Knospen, bunte Zwiebelblumen zeigen ihre Pracht.

Jetzt ist im Freiland Aussaat-Zeit für Möhren, Dill, Petersilie, Radieschen, Rettiche, Rote Rüben, Rosenkohl, Erbsen, Pastinaken, Eissalat, Kohlrabi, Borretsch, Brokkoli, Zucchini, Kürbisse und andere Gemüse; drinnen geht die Anzucht von Tomaten, Paprika und anderen empfindlichen Arten voran.

Ringelblumen, Kornblumen, Goldmohn, Sonnenblumen, Reseda und andere Sommerblumen werden in vorbereitete Beete gesät.

Kräftige engstehende Sämlinge aus der Vorzucht müssen jetzt rechtzeitig in Töpfe pikiert werden.

Noch ist Pflanzzeit für ausdauernde Stauden und Gräser.

Gehölze lassen sich nur bis zum Austrieb pflanzen, es sei denn, Sie kaufen Containerpflanzen, die das ganze Jahr erhältlich sind.

Für raues Wetter werden Folien und Vliese zum Schutz der frühen Saatbeete vorbereitet.

Unter Glas muss je nach Wetter gelüftet oder schattiert werden.

Bei mildem Wetter kommen die Kübelpflanzen ins Freie; frostempfindliche jedoch nur zum Abhärten.

Noch können Obstbäume veredelt und Gehölze durch Steckhölzer vermehrt werden.

Mai

Im berühmten „Wonnemonat" Mai grünt und blüht es überall im Garten. Die Sonne hat schon enorme Kraft, und der Sommer ist nicht mehr weit.

Mitte Mai beginnt die Saison für alle frostempfindlichen Pflanzen. So können auch Zucchini, Tomaten und andere wärmebedürftige Gemüse ausgesät oder ausgepflanzt werden. Ebenso Sommerblüher ins Freie, genauso die Knollen von Dahlien und Gladiolen.

Wenn das Glashaus frei wird, ist Platz für Paprika, Gurken, Melonen und anderes Gemüse, die Schutz brauchen.

Das „Wachswetter" im Mai lässt auch das Unkraut sprießen. Die wichtigste Pflegearbeit im Garten ist jetzt das regelmäßige Jäten.

Im Mai nach dem Austrieb beginnt die Pflanzzeit für Containerpflanzen.

Landfrauen-Tipp

„Mairegen auf die Saaten, dann regnet's Dukaten" – so lautet eine altbewährte Bauernregel. Die kluge Landfrau weiß jetzt, wie sie ihre Saat mit Kräutern und Heilpflanzen vor Schädlingen schützen kann. So vertreibt Blattläuse ein im Verhältnis 1:3 mit Wasser verdünnter Wermuttee. Gegen Milben und alle Pilzkrankheiten lässt man 50 Gramm Zwiebelschalen auf 1 Liter Wasser ziehen und spritzt damit den Sommer über alle vier Wochen.

Das Schnittgut vom Rasenmähen eignet sich zum Mulchen der Beete, oder es wird mit anderen Gartenabfällen vermischt und kompostiert.

Nach dem Abernten von Salat, Rettichen und anderen Frühgemüsen lassen sich die Lücken mit vorkultivierten Pflanzen aus dem Haus oder geeigneten Nachsaaten wieder schließen.

Gießwasser muss jetzt reichlich bereitstehen. Das Sammeln von Regenwasser in Fässern und Zisternen lohnt sich auf jeden Fall.

Im Frühbeet und Gewächshaus ist – je nach Wetter – das Lüften, Ablüften, Gießen und Schattieren wichtig.

Juni

Endlich ist Sommer! Die Natur schenkt uns im Juni die längsten Tage des Jahres, und ringsum werden im Garten Blütenträume wahr.

Der Juni ist der Rosenmonat. Jetzt blühen die meisten Wild- und Edelrosen. Welke Blüten sollten immer wieder entfernt werden.

Bei Trockenheit ist die Bewässerung die wichtigste Gartenpflege. Kübel- und Balkonpflanzen brauchen jetzt täglich viele Liter Wasser. Eine Bewässerungsanlage erleichtert die Versorgung.

Den Rasen jetzt regelmäßig mähen. Das Gras kann liegen bleiben („Mulchmähen"), oder man nimmt es zum Kompostieren bzw. zum Mulchen von Beeten und Rabatten.

Noch ist Pflanz- bzw. Aussaatzeit für Salat, Kohl, Möhren und andere Gemüse auf freie oder frei gewordene Beete, wobei auf günstige Folgesaaten und Mischkulturen zu achten ist.

Glashäuser- und Frühbeete brauchen jetzt eine regelmäßige Schattierung, sonst verbrennen die Pflanzen. Ebenso wichtig ist das Lüften.

Im Juni werden Veilchen, Bartnelken und andere Zweijahres-blumen für das nächste Jahr ausgesät.

Heftiges Gießen oder ein Platzregen verkrusten den Boden. Falls nötig, muss er gelockert werden, oder man schützt ihn mit einer Mulchdecke.

Die beste Zeit für den Heckenschnitt ist etwa Ende des Monats, dann haben die meisten Gehölze den Hauptzuwachs hinter sich. Danach bleiben sie ziemlich in Form. Auf brütende Vögel achten!

Juli

Der Hochsommermonat Juli bringt oft Hitze und längere Trockenheit. Das regelmäßige Bewässern der Gartenpflanzen steht dann im Vordergrund.

Das Mulchen der Beete spart jetzt im Hochsommer Wasser; das Schnittgut vom Rasen ist dazu gut geeignet. Es ist besser, gelegentlich durchdringend zu gießen, als häufig nur oberflächlich.

Während der Kirschenernte müssen Sie dürre und kranke Zweige sofort ausschneiden.

Tomatenpflanzen sollten unten vollständig entblättert werden, das verhindert die Ausbreitung von Pilzkrankheiten. Außerdem sind die Geiztriebe regelmäßig zu entfernen.

Zum Rosen- und Obst-Veredeln – und zwar durch Okulation – ist jetzt im Juli die günstigste Zeit.

Landfrauen-Tipp

Im Juli hat die kluge Landfrau stets die folgende Bauernregel im Hinterkopf: „Was du an einem Tag versäumst im Juli, das schaffen im August zehn Tage nicht herbei." Der Hobbygärtner sollte in der zweiten Junihälfte Endivien ins Freiland pflanzen, wenn er im Oktober ernten will, ebenso Winterzwiebeln und Winterporree. Tomaten, Gurken und Paprika müssen jetzt besonders intensiv gegossen werden, am besten mit abgestandenem Wasser. Ab Monatsende lohnt die Aussaat von Feldsalat, auf den abgeernteten Gemüsebeeten sollten Folgesaaten oder Gründünger ausgesät werden.

Hohe Stauden brauchen eine Stütze, sonst fallen sie bei Regen oder Gewitterstürmen leicht um. In den Beeten wird verblühtes und abgestorbenes Material regelmäßig entfernt, damit weitere Blüten angeregt werden.

Erdbeeren lassen sich durch die als Kindel bezeichneten Ableger vermehren; am besten steckt man diese Ausläufer gleich in Töpfe mit lockerer Erde.

An heißen Sommertagen brauchen besonders Kübelpflanzen reichlich Wasser.

Am Gartenteich werden verblühte Seerosen abgeschnitten, ehe sie zu Boden sinken und dort verfaulen.

August

Mit heißen „Hundstagen" und heftigen Gewittern erreicht der Sommer im August seinen Höhepunkt. Nun beginnt im Garten die große Zeit der Ernte.

August und September sind gute Monate für die Neusaat von Rasen.

Beim Sommerschnitt der Gehölze werden krumme Gipfeltriebe korrigiert und Konkurrenztriebe entfernt.

Von Wildstauden lohnt es sich, reifen Samen zu ernten und für die Aussaat im nächsten Frühjahr in Papiertüten geordnet zu lagern.

Die Zweijahresblumen werden im August ausgepflanzt.

Im Gemüsegarten ist jetzt Zeit zur Aussaat von Feldsalat, Spinat und winterharten Zwiebeln.

Freie Beete sollten nicht brachliegen. Gründüngersaaten keimen schnell und bilden eine dichte Pflanzendecke.

Bei Trockenperioden wird im Garten reichlich gegossen; wenn nötig, morgens und abends.

Achten Sie bei der Obsternte auf die Blütenknospen, die bereits für das nächste Jahr ausgebildet sind.

Auslichtungs- und Pflegeschnitt werden bei Pfirsich, Aprikose und Beerensträuchern direkt nach der Ernte ausgeführt.

Immergrüne Hecken werden jetzt geschnitten. Blumenwiesen erhalten im August den zweiten Schnitt.

September

Bei meist beständigem Wetter wird es nun schon merklich kühler. Der Garten liefert jetzt reiche Ernte, die gelagert und haltbar gemacht wird.

Kübelpflanzen, die keinen Frost vertragen, gehören wie die Zimmerpflanzen bei Nachtfrostgefahr ins Haus. Die robusten Arten sollten aber so lange wie möglich draußen bleiben.

Beim Abernten der Obstbäume sind auch die fauligen Früchte sofort zu beseitigen, denn sie sind später oft die Ursache für Krankheiten.

Rhabarber für das kommende Jahr kann jetzt gepflanzt werden.

Noch grüne Tomaten reifen am Strauch aus, wenn man Folienhauben einsetzt.

Feldsalat ist ein vitaminreiches Wintergemüse; jetzt ist noch Saatzeit.

Im September ist die ideale Pflanzzeit für Bäume, Sträucher, Stauden, Gräser und Frühjahrszwiebeln.

Nach der Brutsaison sollten die Vogel-nistkästen gereinigt werden. Im Winter nehmen die Vögel sie gern als Schlafplätze an.

Bei mildem Spätsommer-Wetter ist noch immer günstige Saatzeit für neuen Rasen. Nachtfrost schadet der aufgehen-den Saat übrigens nicht.

Brachflächen können noch mit Grün-dünger eingesät werden.

Leimringe an Birnbäumen zum Schutz vor dem Birnenknospenstecher anbringen.

Oktober

Im Oktober werden die Tage merklich kürzer. Die Zugvögel verlassen uns. Zum Monatsende wird es mitunter schon richtig kalt.

Noch ist günstige Pflanzzeit für Bäume, Sträucher, Stauden, Gräser und Zwiebelblumen.

Vor den ersten strengen Frösten muss der Garten eingewintert werden. Bereiten Sie rechtzeitig Fichtenzweige, Strohmatten, Vliese und andere Schutzmaterialien vor.

Bei Gärten in Waldrandlage ist es empfehlenswert, junge Obstbäume mit Wildschutzgitter zu ummanteln, damit die Rinde nicht verbissen wird.

Von Sommerblumen kann man Samen für das nächste Jahr ernten.

Jetzt kann man Frostspanner mit Leimringen fangen, die an den Obstbaumstämmen angelegt werden; danach wieder abnehmen!

Eingelagerte Kübelpflanzen brauchen viel frische Luft; an frostfreien Tagen die Quartiere gut belüften.

Frisch gepflanzte große Bäume sollten sorgfältig gepfählt und gebunden werden.

Vom Teich wird das schwimmende Falllaub abgefischt, bevor es zu Boden sinkt und dort verfault. Frostempfindliche Teichpflanzen ins Winterquartier bringen.

Balkonkästen und Kübel mit ausgeblühten Sommerblumen werden geleert und gereinigt.

Den Rasen jetzt zum letzten Mal mähen.

Landfrauen-Tipp

„Im Oktober Sturm und Wind uns den frühen Winter kündt" – im Wissen um diese Bauernregel räumt die Landfrau jetzt frostempfindliche Pflanzen ein: Rosmarin und Basilikum werden in Kübel gesetzt und kommen zum Überwintern ins Haus. Geranien, Fuchsien und Margeriten werden zuvor kräftig zurückgeschnitten und dann an einen hellen, luftigen und kühlen Ort gestellt. Abgeerntete Beete werden mit der Grabegabel gelockert und für den Winter mit einer Mulchschicht bedeckt. Auch winterharte Balkonbepflanzung sollte abgedeckt werden.

November

Bäume und Sträucher im Garten sind jetzt kahl. Nasskaltes Nebelwetter lässt die letzten tapferen Herbstblüher auf den Beeten absterben.

Wenn der Boden frostfrei ist, können weiterhin noch Bäume und Sträucher gepflanzt werden.

Empfindliche Gartenpflanzen brauchen einen Frostschutz; Edelrosen werden angehäufelt. Kübelpflanzen kommen in ein kühles Quartier.

Wasserleitungen im Garten, die einfrieren könnten, werden entleert.

Staudenbeete und Rabatten mit einer Schicht Komposterde, Rindenmulch oder Laubstreu versehen.

Im Gemüsegarten werden die Beete geräumt, nur frostharte Gemüse bleiben draußen.

Landfrauen-Tipp

Eine alte Bauernregel besagt: „Ist der November kalt und klar, wird trüb und mild der Januar." Der Anfang des Novembers, auch Nebelmond genannt, gibt der klugen Landfrau Aufschluss darüber, wie der weitere Winter verläuft. Das bäuerliche Arbeitsjahr geht nun merklich dem Ende entgegen. Die letzten noch unreifen Früchte der Tomate können Sie vor den ersten Frösten retten, indem Sie die Triebe mit den Früchten abschneiden, die Blätter entfernen und die Zweige an einer Schnur kopfüber aufhängen.

Wintergemüse wie Porree, Endivien- und Feldsalat, Grünkohl und Rosenkohl nach und nach ernten.

Trockene Blüten und Samenstände können abgeschnitten und zur Dekoration als Trockensträuße und Gestecke verwendet werden.

Für zu eng stehende Bäume und Sträucher ist jetzt eine günstige Zeit zum Umpflanzen. Allerdings sollten sie noch nicht länger als etwa 5 Jahre am bisherigen Standort stehen.

Laub- und Totholzhaufen im Garten sollten jetzt nicht mehr umgeschichtet oder versetzt werden, denn oft haben sich Igel darunter eingenistet.

Dezember

Die Klimaerwärmung macht weiße Weihnachten in unseren Breiten immer seltener. Meist zeichnet sich der Dezember durch feuchtkaltes Wetter aus. Falls noch nicht geschehen, bekommen empfindliche Gartenpflanzen einen Frostschutz.

Bei frostfreiem, trockenem Wetter beginnt etwa Ende des Monats die Zeit zum Bäume- und Sträucherschneiden.

Stauden werden vor dem Wintereinzug bis auf den Boden heruntergeschnitten.

Blütenzweige z. B. von Forsythien, die am Monatsanfang geschnitten und in eine Vase gestellt werden, blühen etwa an den Weihnachtstagen auf.

Hauptwege am Haus und im Garten müssen eis- und schnee-frei gehalten werden; also rechtzeitig Schneeräumer bereitstellen.

Weihnachtsbäume im Topf möglichst früh kaufen und ans warme Klima im Haus gewöhnen. Nach dem Fest die Bäume nur bei mildem Wetter wieder hinausstellen.

Noch ist Zeit zum Umgraben von Rasenstücken, wenn Stau-denbeete oder der Gemüsegarten erweitert werden sollen. Das umgestochene Gras verrottet dann bis zum Frühjahr.

Wenn Sie viele Setzlinge (z. B. von Liguster) etwa für Hecken brauchen, ist jetzt eine günstige Zeit zur Vermehrung; holzige Stecklinge treiben in einem Topf mit Sand zügig Wurzeln.

Kulinarische Landlust

Wir leben in komfortablen Zeiten. Mitten im Winter können wir frische Erdbeeren, Ananas oder Spargel servieren, die eine Reise um die halbe Welt hinter sich gebracht haben, ehe sie auf unserem Teller landeten. Und um ein ganzes (Fertig-)Menü auf den Tisch zu bringen, braucht es gerade mal ein paar Minuten.

Für unsere Mütter und Großmütter auf dem Land waren Fertigmenüs und Convenience-Produkte kulinarische Science-Fiction. Über ihren Speiseplänen stand nicht ein „Alles-zu-jeder-Zeit"-Prinzip, sondern eine klar saisonale „Alles-zu-seiner-Zeit"-Vorgabe. Auf den Tisch kam, was frisch aus dem eigenen Garten oder vom Markt verfügbar war. So war ein jahreszeitlicher Rhythmus vorgegeben, der von den ersten frühlingszarten Salatblättern über die sommerliche Gemüse- und Früchtefülle bis zum winterlichen (Grün- oder Rosen-)Kohl reichte, der erst richtig schmackhaft wurde, wenn ein paar Frostnächte über ihn hinweggegangen waren.

Wenn im Frühsommer die Erntezeit begann, bedeutete das für die Landfrauen Großeinsatz in der Küche. Der dauerte an, bis im Spätherbst Garten und Feld ihren Winterschlaf antraten. Der

Überfülle an frischen Köstlichkeiten in den Sommermonaten Herr bzw. Frau zu werden, war eine echte Herausforderung – und die Grundlage einer aufwendigen Vorratshaltung. Kein Wunder also, dass zahllose Hausfrauengenerationen endlos Zeit und Mühe in die Konservierung von Lebensmitteln investiert haben. Waren dann die Vorratsregale randvoll gefüllt, war das der Landfrauen ganzer Stolz – und ein emotionales Ruhekissen, weil sie wussten, dass sie für alle winterlichen Eventualitäten gerüstet waren. Mit ihrem Erfahrungsschatz und ihrer Routine „managten" die Küchenchefinnen während des Sommers körbe- und säckeweise Erdbeeren, Kirschen, Pflaumen, Erbsen, Bohnen oder Gurken. Die vielen Tricks und Kniffe, die es bei der Konservierungsarbeit zu beachten galt, gehörten dabei zum „Familienschatz", der von einer Hausfrauengeneration an die nächste weitergegeben wurde: Wie man aus saftigen Früchten leckere Konfitüren, Gelees oder Säfte gewinnt, wie man frische Eier konservieren kann, wie sich aus Weißkohl ein ebenso leckeres wie gesundes Sauerkraut herstellen lässt, das für einen ordentlichen Vitamin-C-Vorrat im Winter sorgte, und was dem hochprozentigen Aufgesetzten den besonderen Geschmack verleiht – all das beherrschten die Landfrauen mit einer selbstverständlichen Souveränität, die keines Kochbuchs bedurfte.

Neben dem, was aus dem eigenen Garten kam, erfreuten sich auch jene Gaben großer Beliebtheit, die in der freien Natur „für umsonst" und zudem meist in großen Mengen zu finden waren: Holunder, Schlehen, Heidel- oder Blaubeeren; Pilze; Kräuter; aber auch schmackhafte Gänseblümchen, junge Brennnessel- oder Löwenzahnblätter, aus denen sich wunderbare Salate zaubern ließen. Auch hier war Erfahrungswissen vonnöten, um Genießbares von Ungenießbarem zu unterscheiden.

Zum kulinarischen Luxus in Großmutters Zeit gehörte Fleisch: Je wertvoller es war, desto seltener kam es auf den Tisch. Ein Steak, ein Schnitzel, ein leckerer Braten waren Sonn- und Feiertagen vorbehalten. Unter der Woche ging es oft fleischlos oder mit ein paar Speckschwarten zu — es sei denn, Großmutter „opferte" ein Huhn, einen Hasen, ein Kaninchen, die sie selbst in ihrem kleinen Stall züchten und natürlich auch selbst schlachten konnte. Solch maßvoller Umgang mit Fleisch, einst aus Sparsamkeit geboren, erhält vor dem Hintergrund ernährungswissenschaftlich angeratener Selbstbeschränkung in Sachen Fleischkonsum ganz neue Aktualität.

Überhaupt erscheint heute vieles von dem, was die Landfrauen von einst in ihrem Küchenreich kreierten, in einem neuen Licht. Längst sind es nicht mehr Mangel oder Not, die dazu führen, dass wir Marmeladen selbst machen, Senfbirnen für das Partybuffet vorbereiten, Granatapfel und Hühnerhaltung wiederentdecken. Nachdem wir die Höhen und Tiefen von Fastfood und Convenience-Produkten erlebt haben, nachdem wir extravagante Reisen durch die Küchen dieser Welt unternommen haben, kehren wir heute gern auch wieder zu den guten alten Traditionen der Landfrauenküche zurück. Denn sein eigenes Brot zu backen, dessen frischer aromatischer Duft durchs ganze Haus weht, aus frischen Produkten einen kleinen Vorrat an schmackhaften Chutneys zu produzieren, fruchtig-köstliche Marmelade mit Obst der Saison selbst herzustellen: Das macht Spaß, schafft ein hohes Maß an persönlicher Befriedigung und eröffnet nicht zuletzt das Abenteuer außergewöhnlicher Gaumenfreuden und einer verblüffenden Geschmacksvielfalt!

Kochen nach Landfrauenart

Wenn in großen Töpfen und Schüsseln nach alten Familienrezepten zubereitete deftige Hausmannskost dampft und duftet, versammeln sich Jung und Alt voller Vorfreude in der großen Bauernküche rund um den sauber geschrubbten und üppig gedeckten Holztisch. Auf die fröhliche Hofgemeinschaft warten gesunde und schmackhafte Speisen, die die patente Landfrau aus unverfälschten Zutaten eigener Produktion nach allen Regeln der Kochkunst gezaubert hat.

In diesem Kapitel finden Sie aus dem reichhaltigen Erfahrungsschatz der Landfrauen die schönsten Kochrezepte für Gerichte, die nach harter Arbeit auf Feld und Flur köstlich schmecken und richtig satt machen. Ob kräftige Wurzelsuppe mit Ochsenfleisch, herzhafte Kohlrouladen oder knusprig gebratene Bauernente – alle Rezepte schmecken frisch wie auf dem Land und unvergleichlich gut.

Suppen & Eintöpfe

Wildkräutersuppe

Die Wildkräuter vorsichtig waschen. Die Blätter von den Stielen zupfen und klein hacken. Möhren und Kartoffeln schälen, waschen und in Würfel schneiden.

Die Butter bei mittlerer Temperatur in einem Topf zerlassen und die gehackten Kräuter einige Minuten darin anschwitzen. Möhren und Kartoffeln zugeben, kurz andünsten und mit der Gemüsebrühe ablöschen. Kurz aufkochen lassen und 30–40 Minuten sanft köcheln lassen. Die Suppe mit einem Pürierstab pürieren, die Sahne unterrühren und mit Salz und Pfeffer abschmecken.

Die Wildkräutersuppe in tiefe Teller geben und mit abgespülten und trocken getupften Gänseblümchen garniert servieren.

Zubereitungszeit: 20 Minuten (plus Kochzeit)
Pro Portion: ca. 312 kcal/1302 kJ

Zutaten

für 4 Personen

- 4 Handvoll
  Wildkräuter
  (z. B. Brennnesseln,
  Sauerampfer, Spitz
  wegerich, Schafgarbe
  etc.)
- 3 Möhren
- 3 Kartoffeln
- 1 El Butter
- 2 l Gemüsebrühe
- 200 g Sahne
- Salz
- Pfeffer
- einige Gänse-
  blümchen

Deftige Erbsensuppe

Die Erbsen in einen Topf geben und mit 1 Liter Wasser bedeckt über Nacht einweichen.

Am nächsten Tag die Erbsen in dem Einweichwasser zum Kochen bringen. Nach 30 Minuten den Bauchspeck im Stück dazugeben und die Erbsensuppe auf mittlerer Temperatur weitere 30 Minuten köcheln lassen.

Den Lauch putzen und in dünne Ringe schneiden. Möhren und Kartoffeln schälen und in kleine Würfel schneiden. Das Gemüse in die Erbsensuppe geben und die Lorbeerblätter hinzufügen.

Die Zwiebeln schälen, fein würfeln, im heißen Öl glasig dünsten und ebenfalls in die Suppe geben. Den Sellerie schälen und im Stück in die Suppe geben. Die Fleischbrühe hinzufügen und alles ca. 30 Minuten weiterkochen.

Selleriestück, Lorbeerblätter und Speck entfernen und die Suppe mit einem Kartoffelstampfer etwas zerdrücken. Den Speck würfeln und mit den Mettenden in die Suppe geben. Mit frisch gemahlenem Pfeffer würzen. Die Suppe nochmals ca. 30 Minuten auf kleiner Flamme unter gelegentlichem Rühren ziehen lassen.

Zubereitungszeit: 30 Minuten (plus Einweich- und Garzeit)
Pro Portion: ca. 940 kcal/3870 kJ

Zutaten

für 4-6 Personen

- *300 g getrocknete Erbsen*
- *300 g Bauchspeck*
- *200 g Lauch*
- *100 g Möhren*
- *300 g Kartoffeln*
- *2 Lorbeerblätter*
- *2 Zwiebeln*
- *2 El Öl*
- *100 g Knollensellerie*
- *500 ml Fleischbrühe*
- *500 g Mettenden*
- *Pfeffer*

Landfrauen-Tipp

In der Vorratskammer der Landfrau befinden sich stets getrocknete Hülsenfrüchte. Reich an Kohlenhydraten und Vitaminen sind sie trocken und kühl gelagert ein Jahr und länger haltbar. Gewürze wie Lorbeer und Pfeffer, aber auch Thymian und Majoran heben ihr Aroma.

Zutaten

für 4 Personen

· 1 küchenfertiges Suppenhuhn
  (ca. 1,5 kg)
· Salz
· 1 Bund Suppengrün
· 2 Lorbeerblätter
· 5 Pfefferkörner
· 3 Möhren
· 300 g Erbsenschoten
· 200 g Suppennudeln
· Pfeffer
· 1/2 Bund glatte Petersilie

Landfrauen-Tipp

Gegen Erkältungen wusste die Landfrau ein probates Mittel: Eine kräftige Hühnersuppe ist vitaminreich, wärmt von innen, versorgt den Körper mit nötiger Flüssigkeit und wirkt nachweislich entzündungsmildernd auf die angegriffenen Schleimhäute der oberen Atemwege.

Hühnersuppe mit Nudeln

Das Huhn gründlich unter fließendem Wasser waschen und in einen Topf geben. Mit kaltem Wasser bedecken und 1/2 Tl Salz hinzufügen.

Alles aufkochen lassen und hin und wieder den Schaum abschöpfen.

Das Suppengrün putzen, waschen, nach Bedarf schälen und würfeln.

Das Gemüse mit den Lorbeerblättern und den Pfefferkörnern zum Huhn geben und alles etwa 1 Stunde 30 Minuten köcheln lassen.

Das Huhn aus der Suppe nehmen, abkühlen lassen, das Fleisch von Haut und Knochen lösen und in Würfel schneiden. Die Brühe durch ein Sieb gießen.

Die Möhren schälen und in dünne Stifte schneiden. Die Erbsen putzen, waschen und auspalen. Die Möhrenstifte in der Suppe etwa 5 Minuten köcheln.

Anschließend Nudeln und Erbsen dazugeben und weitere 5 Minuten garen. Das Hühnerfleisch in die Suppe geben und mit Salz und Pfeffer abschmecken.

Die Petersilie waschen, trocken schütteln und hacken. Die Suppe mit Petersilie bestreut servieren.

Zubereitungszeit: ca. 30 Minuten (plus Garzeit)
Pro Portion: ca. 882 kcal/3704 kJ

Wurzelsuppe mit Ochsenfleisch

Das Fleisch in 1,5 Liter Wasser mit 1/2 Tl Salz etwa 2 Stunden garen, bis es weich ist und sich gut von den Knochen lösen lässt.

Inzwischen die Kartoffeln schälen und würfeln. Möhren und Sellerie putzen und schälen, anschließend ebenfalls in Würfel schneiden. Die Zwiebeln und den Knoblauch schälen und fein hacken.

Das Fleisch nach Ende der Garzeit aus dem Topf nehmen und beiseite stellen. Die Fleischbrühe durch ein engmaschiges Sieb abseihen.

Das Butterschmalz in einem Topf erhitzen. Zwiebel und Knoblauch darin andünsten. Mit der Fleischbrühe ablöschen. Kartoffeln und Wurzelgemüse sowie Kräuter und Pfeffer zugeben und alles etwa 20 Minuten garen.

Das Fleisch von den Knochen lösen und klein schneiden. In die Wurzelsuppe geben und servieren. Dazu kräftiges Brot mit Butter reichen.

Zubereitungszeit:
ca. 30 Minuten (plus Garzeit)
Pro Portion:
ca. 470 kcal/1974 kJ

Zutaten

für 4 Personen

· 500 g Ochsenschwanz
· Salz
· 500 g Kartoffeln
· 300 g Möhren
· 250 g Knollensellerie
· 2 Zwiebeln
· 1 Knoblauchzehe
· 50 g Butterschmalz
· 2 El frisch gehackter Liebstöckel
· 2 El frisch gehackte Petersilie
· 1 Tl getrockneter Majoran
· 1 Prise Pfeffer

Landfrauen-Tipp

Butterschmalz, auch geklärte Butter, ist von unschätzbarem Wert in der Küche. Der Milch wird durch Erhitzen Wasser, Milcheiweiß und Milchzucker entzogen. Das Schmalz ist bei Raumtemperatur fest und länger haltbar als Butter und kann bei vielen Zubereitungen, vor allem beim Frittieren, viel stärker erhitzt werden als andere Bratfette.

Zutaten

für 4–6 Personen

- 200 g Rindfleisch
- 200 g Schweineschulter
- 200 g Lammschulter
- 2 Rindermarkknochen
- 2 Zwiebeln
- 700 g Kartoffeln
- 300 g Knollensellerie
- 250 g Möhren
- 1 Petersilienwurzel
- 1 Lauchstange
- 3 El Öl
- Salz, Pfeffer
- 500 ml Fleischbrühe
- je 1/2 Bund Schnittlauch und Petersilie

Pichelsteiner

Die Fleischsorten waschen, trocken tupfen und in gleich große Stücke schneiden.

Das Mark aus den Rinderknochen herauslösen und in Scheiben schneiden. Die Zwiebeln schälen und hacken. Kartoffeln, Sellerie, Möhren und Petersilienwurzel schälen und würfeln. Lauch gründlich waschen, putzen und in 1 cm dicke Ringe schneiden.

Das Öl in einem großen Topf erhitzen und die Markscheiben darin von beiden Seiten anrösten. Herausnehmen und beiseitestellen. Die Fleischstücke im selben Fett von allen Seiten kräftig anbraten. Herausnehmen.

Anschließend Zwiebeln und Kartoffeln im Fett anschmoren und herausnehmen. Das Gemüse in den Topf geben und anschmoren. Herausnehmen.

In einen Bräter abwechselnd Gemüse, Kartoffeln und Fleisch schichten und jeweils mit Salz und Pfeffer würzen. Mit Kartoffeln abschließen, darauf die Markscheiben legen.

Langsam die Brühe angießen und den Bräter mit dem Deckel verschließen. Den Eintopf aufkochen und bei geringer Temperatur etwa 1 Stunde 30 Minuten garen.

Die Kräuter waschen, trocken schütteln und fein hacken. Pichelsteiner mit Kräutern bestreut servieren. Dazu frisches Bauernbrot servieren.

Zubereitungszeit: ca. 30 Minuten
(plus Garzeit)
Pro Portion: ca. 431 kcal/1805 kJ

Landfrauen-Tipp

Der Pichelsteiner hat Tradition: Er wird seit etwa Mitte des 19. Jahrhunderts vorrangig aus Rüben, Kraut und Fleischresten zubereitet. Seit dem Kirchweihmontag 1874 bis heute wird in Regen im Bayerischen Wald das Pichelsteinerfest gefeiert. Nahrhaft und einfach zuzubereiten, ist der Eintopf bis heute beliebt und wird gern mit weiteren Gemüsen und Gewürzen verfeinert.

Salate, Gemüse & Beilagen

Weißkohlsalat mit Speck

Die äußeren welken Blätter vom Weißkohl entfernen. Anschließ[end]
den Kopf vierteln und den Strunk herausschneiden. Die Kohlviertel[n]
Streifen schneiden oder nicht zu fein hobeln.

Reichlich Wasser zum Kochen bringen, kräftig salzen und die Ko[hl-]
streifen darin 3 Minuten ziehen lassen. In ein Sieb abgießen und
abtropfen lassen.

Die Zwiebeln schälen und fein hacken. Den Speck klein würfeln[. In]
einer großen Pfanne das Öl erhitzen, die Speckwürfel darin knusp[rig]
braten. Die Zwiebeln dazugeben und leicht mit anschwitzen. Zuc[ker]
und Kümmel darüberstreuen und leicht karamellisieren lassen.

Den Topf vom Herd nehmen, den Essig angießen und den K[ohl]
untermischen. Mit Salz und Pfeffer würzig abschmecken.

Den Weißkohlsalat mindestens 3 Stunden ziehen lassen und [mit]
Schnittlauch bestreut servieren.

Zutaten

für 4 Personen

· *1 kg Weißkohl*
· *Salz*
· *2 Zwiebeln*
· *50 g durchwachsener Speck*
· *2 El Öl*
· *1 El Zucker*
· *1 Tl Kümmel*
· *3 El Weißweinessig*
· *frisch gemahlener schwarzer Pfeffer*
· *2 El Schnittlauchröllchen*

Zubereitungszeit: ca. 30 Minuten (plus Zeit zum Durchziehen)
Pro Portion: ca. 210 kcal/870 kJ

Landfrauen-Tipp

Weißkohl, auch „Kraut" oder „Kappes" genannt, galt einst vor allem in ländlichen Regionen als Armeleutezutat. Heute weiß man den hohen Gehalt an Vitamin C und den Aromareichtum des Herbst- und Wintergemüses sehr zu schätzen; außerdem ist das winterharte Gemüse sehr gut zu lagern. Die Beigabe von Kümmel bei der Zubereitung macht Kohlgerichte leichter bekömmlich.

Zutaten

für 4 Personen

- · 700 g küchenfertiges Ochsenmaul
- · 1 Bund Suppengemüse
- · 2 Zwiebeln
- · 2 Lorbeerblätter
- · 6 Pfefferkörner
- · 2 Nelken
- · 6–8 El Weißweinessig
- · 4 El Sonnenblumenöl
- · Salz, Pfeffer
- · 1/2 Bund frisch gehackte Petersilie

Ochsenmaulsalat

Das Ochsenmaul gut waschen. Das Suppengemüse putzen, waschen, Möhre und Sellerie schälen, Gemüse klein schneiden. Eine Zwiebel schälen und vierteln.

Das Ochsenmaul mit dem Gemüse und der Zwiebel, Lorbeerblättern, Pfefferkörnern und Nelken in einen Topf geben. So viel Wasser zugeben, dass das Fleisch bedeckt ist, und aufkochen.

Dann alles bei geringer Temperatur abgedeckt etwa 3 Stunden garen. Das Fleisch aus dem Topf nehmen, abtropfen lassen und in dünne Scheiben schneiden. Abkühlen lassen.

Landfrauen-Tipp

Das klassische Suppengemüse oder Suppengrün hat die Landfrau stets im eigenen Garten, wir können es fertig zusammengestellt im Handel erwerben: Möhre, Sellerie, Lauch und Petersilie aromatisieren viele herzhafte Suppen, Eintöpfe, Saucen und Schmorgerichte. Je nach Region variieren die Bestandteile.

Für die Marinade die zweite Zwiebel schälen und fein hacken. Mit Essig, Öl, Salz und Pfeffer verrühren.

Die Fleischscheiben mit der Marinade überziehen und abgedeckt kühl stellen. 2 Stunden marinieren lassen. Den Salat mit Petersilie bestreut servieren.

Zubereitungszeit: ca. 20 Minuten
(plus Kochzeit und Zeit zum Durchziehen)
Pro Portion: ca. 295 kcal/1238 kJ

Zutaten

für 4 Personen

- *1 kg festkochende Kartoffeln*
- *Salz*
- *1 Ei*
- *4 Gewürzgurken*
- *250 g Mayonnaise*
- *1/2 Tl edelsüßes Paprikapulver*
- *frisch gemahlener schwarzer Pfeffer*
- *1/2 Bund Schnittlauch*

Landfrauen-Tipp

Frische Kartoffeln vom Bio-Bauern oder aus dem Garten schmecken am besten. Die Pflanzzeit für Kartoffeln beginnt etwa im April. Die ersten Frühkartoffeln sind erntereif, wenn die Pflanzen im Juni ausgeblüht sind. Nach Bedarf einfach einige Stauden ausgraben und ernten, die übrigen bleiben bis zur Verwertung im Boden.

Kartoffelsalat

Die Kartoffeln bürsten und mit Schale in kochendem Salzwasser garen. Abgießen, kalt abschrecken und auskühlen lassen. Anschließend die Kartoffeln pellen und in ca. 1/2 cm dicke Scheiben schneiden.

Das Ei hart kochen, abschrecken, pellen, klein würfeln und zu den Kartoffeln geben. Die Gurken fein würfeln und ebenfalls dazugeben.

Die Mayonnaise zum Salat geben und alles vorsichtig vermischen. Mit Paprikapulver, Salz und Pfeffer würzen.

Den Schnittlauch waschen, trocken schütteln, in feine Röllchen schneiden und über den Salat streuen.

Zubereitungszeit: ca. 20 Minuten (plus Kochzeit)
Pro Portion: ca. 670 kcal/2760 kJ

Wurstsalat

Die Fleischwurst in Scheiben und diese dann in Streifen schneiden.

Die Zwiebeln schälen und in Ringe, die Gurke in feine Stifte schneiden.

Den Apfel schälen, vierteln, das Kerngehäuse entfernen und das Fruchtfleisch in feine Würfel schneiden.

Alle Zutaten in eine Schüssel geben. Aus Essig, Öl und den Gewürzen ein Dressing bereiten und über die Salatzutaten geben. Alles gut mischen und 20 Minuten ziehen lassen.

Petersilie waschen, trocken tupfen und fein hacken. Den Salat mit Petersilie bestreut servieren.

Zubereitungszeit: ca. 20 Minuten
Pro Portion: ca. 667 kcal/2791 kJ

Zutaten

für 4 Personen

- *750 g Fleischwurst*
- *2 Zwiebeln*
- *1 Gewürzgurke*
- *1 Apfel*
- *3 El Essig*
- *4 El Sonnenblumenöl*
- *Salz, Pfeffer*
- *1/2 Bund Petersilie*

Zutaten

für 4 Personen

- ca. 800 g Weißkohl
- Salz
- 125 g Speck
- 1 Zwiebel
- 1 El Butter
- 1 El frisch gehackte Petersilie
- Pfeffer
- 10 Esskastanien
- 250 ml Milch
- 4 Eier
- 4 altbackene Brötchen
- Butter zum Ausstreichen
- Paniermehl zum Ausstreuen

Landfrauen-Tipp

In sonnigen Regionen trugen Kinder einst im Herbst durch das Sammeln nahrhafter Esskastanien oder Maronen zur Erweiterung des Speiseplans bei. Heute sind Kastanien vakuumverpackt fast das ganze Jahr hindurch erhältlich. Sie können kreuzweise eingeritzt auch im Ofen gar gebacken und dann geschält werden. Frische Früchte bald nach dem Kauf verarbeiten, da sie schnell austrocknen!

Kohlkuchen mit Kastanien

Den Weißkohl waschen und in Salzwasser garen. Anschließend den Kohl abkühlen lassen, ausdrücken und in schmale Streifen schneiden. Den Speck fein hacken. Die Zwiebel schälen und ebenfalls fein hacken.

Zwiebel und Speck in der Butter anschwitzen. Petersilie, Pfeffer und den Weißkohl dazugeben. Dann die Masse abkühlen lassen. Den Backofen auf 220 °C vorheizen.

Die Kastanien kreuzweise einritzen und etwa 20 Minuten in Salzwasser weich garen. Anschließend aus den Schalen lösen und grob hacken. Die altbackenen Brötchen in der Milch einweichen und ausdrücken. Die Eier trennen.

Ausgedrückte Brötchen, Eigelb und Esskastanien unter den Kohl mischen. Eiweiß steif schlagen und vorsichtig unter den Kohl mischen.

Eine Springform mit Butter auspinseln und mit Paniermehl bestreuen. Anschließend die Weißkohlmasse in die Form geben und etwa 40 Minuten auf mittlerer Schiene backen.

Den Kohlkuchen mit einer Sauce Hollandaise servieren.

Zubereitungszeit: ca. 45 Minuten
(plus Gar-, Koch-, Abkühl- und Backzeit)
Pro Portion: ca. 488 kcal/2050 kJ

Birnen, Bohnen und Speck

Die Zwiebeln schälen und vierteln. Mit dem Speck in einen Topf geben und mit 1,25 Liter Wasser auffüllen. Zum Kochen bringen und alles auf kleiner Flamme ca. 30 Minuten garen.

Inzwischen die Bohnen waschen, putzen und in mundgerechte Stücke schneiden. Zum Speck geben und weitere 15 Minuten köcheln lassen.

Das Bohnenkraut waschen, trocken schütteln und die Blättchen abzupfen. Die Birnen waschen und im Ganzen zu den Bohnen legen. 10 bis 15 Minuten mitgaren lassen und alles mit Salz und Pfeffer abschmecken.

Vor dem Servieren den Speck herausnehmen und in Scheiben schneiden.

Zubereitungszeit: ca. 20 Minuten (plus Kochzeit)
Pro Portion: ca. 1040 kcal/4290 kJ

Zutaten

für 4 Personen

- 2 Zwiebeln
- 500 g Räucherspeck am Stück
- 1 kg grüne Bohnen
- 1 Bund Bohnenkraut
- 4 feste säuerliche Birnen
- Salz
- frisch gemahlener schwarzer Pfeffer

Landfrauen-Tipp

In die bäuerliche Vorratshaltung gehört unbedingt Speck. Oft wird noch selbst geräuchert: Kalträuchern war zwar recht zeitaufwendig, sorgt dafür aber für die lange Haltbarkeit des unverzichtbaren Grundbestandteils vieler Gerichte. Was heute nur wenige wissen: Durch die schonende Zubereitung bleiben die guten Inhaltsstoffe und die natürlichen Aromen des Specks erhalten.

Zutaten

für 4 Personen

- *1 kleine rote Zwiebel*
- *1 kg Möhren*
- *30 g Butter*
- *1/2 Tl Zucker*
- *Salz, Pfeffer*
- *50 ml Hühnerbrühe*
- *500 g Kartoffeln*
- *1 Bund glatte Petersilie*
- *50 ml Sahne*

Landfrauen-Tipp

In der Vorratshaltung macht einer Landfrau niemand etwas vor, und wir können von diesem Wissen profitieren: Frisch geerntete oder auf dem Markt erworbene Möhren bleiben lange knackfrisch, wenn man sie an einem sehr kalten, aber frostsicheren Ort in einem Behälter in Sand vergräbt. Dieser sollte die Möhren dicht umschließen und ganz leicht feucht sein.

Möhren untereinander

Die Zwiebel schälen und fein hacken. Die Möhren putzen, schälen und grob würfeln.

Die Zwiebel in der Butter glasig andünsten. Möhren dazugeben und bei geschlossenem Deckel kurz mitdünsten. Den Zucker darüberstreuen und die Möhren karamellisieren lassen.

Anschließend kräftig salzen und pfeffern und mit der Hühnerbrühe ablöschen. Alles bei geschlossenem Deckel und unter gelegentlichem Rühren weich dünsten.

Inzwischen die Kartoffeln schälen und grob würfeln. In reichlich Salzwasser gar kochen, abgießen und zu den Möhren geben.

Die Hälfte der Möhren-Kartoffel-Mischung stampfen und wieder unter die Kartoffeln und Möhren heben.

Die Petersilie waschen, trocken schütteln und fein hacken. Sahne und Petersilie unter das Möhren-Kartoffel-Gemüse rühren und nach Bedarf nachwürzen.

Zubereitungszeit: ca. 30 Minuten
(plus Garzeit)
Pro Portion: ca. 250 kcal/1030 kJ

Hauptgerichte

Schweinekrustenbraten

Den Backofen auf 150 °C vorheizen. Das Fleisch waschen, trocken tupfen und mit Salz einreiben. Öl in einem Bräter erhitzen und das Fleisch darin von allen Seiten anbraten. Brühe angießen. Fleisch mit der Schwarte nach unten 60 Minuten im Backofen auf mittlerer Schiene garen. Dann wenden und die Schwarte kreuzweise mit einem Messer einschneiden. Temperatur auf 160 °C erhöhen. In die Oberfläche des Bratens die Nelken stecken und weitere 2 Stunden braten. Dabei häufig mit dem Bratensaft und mit Bier begießen.

Inzwischen das Suppengemüse putzen, waschen und klein schneiden. Die Zwiebel schälen und in Würfel schneiden. 40 Minuten vor Ende der Garzeit Gemüse, Zwiebel, Lorbeerblatt und Pfefferkörner zum Schweinebraten geben. Knoblauch schälen, fein hacken und ebenfalls zum Fleisch geben.

Fleisch aus dem Bräter nehmen, Schwarte mit Salzwasser bestreichen und auf dem Backblech bei 220 °C 20 Minuten knusprig backen. Fleisch aus dem Ofen nehmen und warm stellen. Den Bratenfond durch ein Sieb gießen und nach Bedarf entfetten. Majoran und Kümmel in den Fond rühren und 10 Minuten schwach köcheln. Nach Bedarf andicken. Mit Salz und Pfeffer abschmecken. Das Fleisch nach 10 Minuten Ruhezeit in Scheiben schneiden. Nach Belieben mit Knödeln und Krautsalat oder Rotkraut servieren.

Zubereitungszeit: ca. 20 Minuten (plus Brat-, Back- und Garzeit)
Pro Portion: ca. 743 kcal/3102 kJ

Zutaten

für 4 Personen

- 1 kg Schweinefleisch mit Schwarte (aus der Schulter oder dem Bauch)
- Salz
- 1 El Öl
- 500 ml Fleischbrühe
- 1 Tl Nelken
- 250 ml dunkles Bier
- 1 Bund Suppengemüse
- 1 Zwiebel
- 1 Lorbeerblatt
- 4 Pfefferkörner
- 1 Knoblauchzehe
- 1/2 Tl getrockneter Majoran
- 1/2 Tl Kümmel
- Pfeffer

Landfrauen-Tipp

Nirgendwo sonst gelingt ein Sonn- oder Festtagsbraten so fein-saftig und obendrein knusprig wie in der Landfrauenküche, denn die Zubereitung ist dort seit Generationen vielfach erprobt. Soll die Kruste besonders süß-würzig und knusprig werden, den Braten fünf Minuten vor Ende der Bratzeit mit wenig dunklem Waldhonig bepinseln – und die Kruste wird zur begehrten Leckerei.

Zutaten

für 4 Personen

· 100 g Backpflaumen
· 3 Äpfel
· 2 küchenfertige Bauernenten
· Salz
· 1 El frisch gehackter Thymian
· 2 El Butterschmalz
· 500 ml Geflügelfond
· 1 El Speisestärke
· Pfeffer
· Zitronensaft

Gebratene Bauernente

Die Backpflaumen in wenig heißem Wasser einweichen. Die Äpfel schälen, vom Kerngehäuse befreien und in kleine Würfel schneiden. Die Backpflaumen abtropfen lassen und ebenfalls klein schneiden.

Die Enten waschen, trocken tupfen und mit Salz einreiben. Aus Apfelstücken, Backpflaumen und Thymian eine Füllung bereiten und die Enten damit füllen. Öffnungen zunähen. Den Backofen auf 175 °C vorheizen. Das Butterschmalz in einem Bräter erhitzen und die Enten darin von allen Seiten gut anbraten. Geflügelfond angießen und die Enten im Ofen abgedeckt auf mittlerer Schiene etwa 60 Minuten schmoren.

Enten aus dem Bräter nehmen, die Sauce passieren, mit Speisestärke andicken und mit Salz, Pfeffer und Zitronensaft abschmecken. Enten zerteilen und mit der Sauce sowie der Füllung servieren. Dazu schmeckt Rahmwirsing.

Zubereitungszeit: ca. 20 Minuten
(plus Einweich-, Brat- und Schmorzeit)
Pro Portion: ca. 919 kcal/3847 kJ

Landfrauen-Tipp

Um besonders gutes Fleisch von artgerecht auf Freiland gehaltenen Tieren zu bekommen, bestellen Sie Ente, Gans oder Huhn rechtzeitig bei einem Bio-Bauernhof in Ihrer Nähe. So können Sie sicher sein, einwandfreies Fleisch gesunder Tiere zu erhalten.

Kohlrouladen

Den Weißkohl waschen und putzen. Den harten Strunk entfernen, den Kohl in kochendem Salzwasser etwa 15 Minuten blanchieren. Herausnehmen, abtropfen lassen und 8 äußere Blätter abnehmen. Zwiebel und Knoblauch schälen und fein hacken. Hackfleisch mit Zwiebel, Knoblauch, Eiern, Petersilie und Paniermehl zu einem Teig verarbeiten und würzen.

Die Füllung auf die Kohlblätter verteilen und diese vom Rand her zusammenrollen. Mit je einer Speckscheibe umwickeln und mit Küchengarn festbinden. Das Butterschmalz in einem großen Bräter erhitzen und die Krautwickerl darin von allen Seiten anbraten. Die Brühe angießen und die Wickerl abgedeckt etwa 30 Minuten garen.

Dann herausnehmen und warm stellen. Die Speisestärke in die saure Sahne rühren und den Bratensud damit sämig binden. Abschmecken. Die Krautwickerl mit der Sauce servieren. Dazu schmecken Kartoffeln oder Reis.

Zubereitungszeit: ca. 35 Minuten (plus Schmor- und Garzeit)
Pro Portion: ca. 602 kcal/2517 kJ

Landfrauen-Tipp

Das Blanchieren macht die Kohlblätter weicher und sie lassen sich einfacher verarbeiten. Grundsätzlich dient das Blanchieren (das kurze Überbrühen) von Gemüsen mit oder in leicht gesalzenem Wasser der Reinigung. Es mildert strenge Aromen, grüne Gemüse behalten auf diese Weise ihre knackig-frische Farbe. Zarte Gemüse nur ganz kurz blanchieren!

Zutaten

für 4 Personen

- 1 Weißkohl
- 1 Zwiebel
- 1 Knoblauchzehe
- je 250 g Schweine- und Rinderhackfleisch
- 2 Eier
- 1/2 Bund frisch gehackte Petersilie
- 30 g Paniermehl
- Salz, Pfeffer
- Cayennepfeffer
- 8 dünne Speckscheiben
- 3 El Butterschmalz
- 250 ml Gemüsebrühe
- 2 El Speisestärke
- 100 g saure Sahne

Zutaten

für 8 Personen

- 600 g Maronen
- 500 g Äpfel
- Saft von 1 Zitrone
- 2 El Butter
- 1 El Zucker
- Salz
- 125 ml Hühnerbrühe
- 1 küchenfertige Gans (ca. 4 kg)
- Pfeffer
- 1 Majoranzweig
- 125 ml helles Bier

Landfrauen-Tipp

In der Landfrauenküche wird kaum etwas weggeworfen, sondern alles verwertet. Das beste Beispiel ist selbst gemachte Hühnerbrühe, die zu vielen Gelegenheiten Verwendung findet: Kleingehackte Geflügelknochen und Fleischreste mit Wasser, Wurzelgemüse nach Wahl, Pfeffer und Salz aufkochen, abschäumen, entfetten und durch ein sehr feines Sieb gießen.

Gefüllter Gänsebraten

Den Backofen auf 200 °C vorheizen. Die Maronen mit einem Messer einritzen und auf einem Backblech im Ofen etwa 20 Minuten auf mittlerer Schiene backen. Inzwischen die Äpfel waschen, schälen, von den Kerngehäusen befreien und in Würfel schneiden. In eine Schüssel legen und mit kaltem Wasser und dem Zitronensaft übergießen.

Die Maronen aus dem Ofen nehmen, schälen und halbieren. Die Butter in einem Topf erhitzen. Apfelscheiben abtropfen lassen und in den Topf zur Butter geben. Maronen, Zucker und etwas Salz zufügen und einige Minuten köcheln lassen. Die Brühe angießen und alles weitere 5 Minuten köcheln. Dann den Topf vom Herd nehmen.

Die Gans waschen, trocken tupfen und innen und außen mit Salz und Pfeffer einreiben. Den Majoran waschen, trocken schütteln und in die Gans legen. Die Gans mit der Maronen-Apfel-Masse füllen und zunähen. Die Gans mit der Brust nach unten in einen Bräter legen und mit 750 ml kochendem Wasser übergießen. Im Ofen auf der unteren Schiene etwa 1 Stunde braten, dann wenden und mit einer Gabel einstechen, damit das Fett abfließen kann. Die Gans öfter mit Bratenfett übergießen. Nach insgesamt 2 Stunden 45 Minuten die Gans mit dem Bier übergießen und 10 Minuten knusprig braten. Dann die Gans aus dem Bräter nehmen und einige Zeit ruhen lassen. Den Bratenfond aufkochen und das Fett abschöpfen. Die Sauce noch etwas einkochen lassen und mit Salz und Pfeffer abschmecken.

Zubereitungszeit: ca. 35 Minuten
(plus Koch- und Bratzeit)
Pro Portion: ca. 1938 kcal/8103 kJ

Zutaten

für 4 Personen

- 8 Matjesfilets
- 1/2 l Milch
- 2 säuerliche Äpfel
- 1 Tl Zitronensaft
- 4 Zwiebeln
- 250 g Sahne
- 150 g Joghurt
- 1 Prise Zucker
- 3 Stängel Dill

Landfrauen-Tipp

Das leichte Gericht hat erstaunlicherweise eine lange ländliche Tradition. Aus der Ostsee gelangte Hering einst über die Schifffahrtswege auch in die Agrarregionen Schlesiens und Ostpreußens. Wurde es in den Familien der Landarbeiter zum Monatsende knapp, reichte es immer noch für günstige Heringe aus dem Fass, aus denen Matjes oder Häckerle (gehackte Heringe, Zwiebeln und Eier als Brotaufstrich) zubereitet wurden.

Matjes mit Äpfeln

Die Matjesfilets 2 Stunden in der Milch einweichen. Die Äpfel schälen, das Kerngehäuse entfernen, Fruchtfleisch in Stücke schneiden und mit dem Zitronensaft beträufeln. Die Zwiebeln schälen und in Ringe schneiden.

Sahne, Joghurt und Zucker verrühren. Die Apfelstücke und Zwiebelringe untermischen. Matjesfilets in breite Streifen schneiden und in die Sahnemischung geben.

Den Dill waschen, trocken schütteln, die Dillspitzen abzupfen und ebenfalls zum Matjes geben. Mit Schwarzbrot servieren.

Zubereitungszeit: ca. 20 Minuten (plus Einweichzeit) Pro Portion: ca. 540 kcal/2220 kJ

Zutaten

für 4 Personen

· *4 küchenfertige Renken*
· *Salz*
· *4 mittelgroße Zwiebeln*
· *2 El frisch gehackter Kerbel*
· *100 g Mehl*
· *120 g Butter*
· *3 Kohlrabi*
· *2 Schalotten*
· *125 ml Gemüsebrühe*
· *Pfeffer*
· *Muskat*
· *750 ml saure Sahne*
· *2 El frisch gehackter Dill*
· *2 El frisch gehackte Petersilie*

Gebratene Renke auf Kohlrabipüree

Die Renken waschen, trocken tupfen und innen und außen mit Salz einreiben. Die Zwiebeln schälen und fein hacken. Zwiebeln und Kerbel in die Bauchhöhlen füllen. Auf einen Teller Mehl geben und die Renken darin wenden. 100 g Butter in einer großen Pfanne schmelzen, die Fische darin von allen Seiten etwa 20 Minuten braten und öfter wenden, bis sie gut mit Fett überzogen sind.

Inzwischen die Kohlrabi schälen und fein würfeln. Die Schalotten schälen und hacken. Restliche Butter erhitzen und die Schalotten darin glasig schmoren. Die Kohlrabiwürfel dazugeben und andünsten. Die Brühe angießen und die Kohlrabi 15 Minuten weich garen. Pürieren und mit Salz, Pfeffer und Muskat abschmecken.

Fische aus der Pfanne nehmen und warm stellen. Den Bratensatz mit der sauren Sahne aufkochen, die Kräuter unterrühren und mit Salz und Pfeffer abschmecken. Renken mit der Sahnesauce und Kohlrabipüree servieren.

Zubereitungszeit: ca. 20 Minuten
(plus Brat- und Kochzeit)
Pro Portion: ca. 764 kcal/3208 kJ

Landfrauen-Tipp

Zwar hat Kohlrabi von Mai bis Oktober Saison, aber just, wenn der Appetit darauf besonders groß ist, gibt es keinen. Die gut organisierte Landfrau hält immer einen Vorrat bereit, denn Kohlrabi lässt sich geschält, geschnitten, in ungesalzenem Wasser blanchiert und abgeschreckt leicht in Portionen einfrieren, ohne seine Frische und sein Aroma zu verlieren.

Zander „grün"

Die Zwiebel abziehen und fein hacken. Zanderfilets unter fließend kaltem Wasser abspülen und trocken tupfen, mit Salz und Pfeffer würzen. Für die Sauce die frischen Kräuter waschen, trocken schütteln, Blätter bzw. Spitzen von den Zweigen zupfen und fein hacken.

Weißwein, 250 ml Wasser, Weinessig, Zwiebel und Pfefferkörner in einen Topf geben und 15 Minuten einköcheln lassen. Zanderfilets in den Sud geben und ca. 5 Minuten garen. Den Backofen auf Ober-/Unterhitze 100 °C vorheizen. Zanderfilets vorsichtig aus dem Sud nehmen und im Backofen warm halten.

Für die Sauce Butterschmalz bei mittlerer Temperatur in einem Topf zerlassen, das Mehl einrühren und so lange rühren, bis eine Mehlschwitze entsteht. Nach und nach unter Rühren den Sud hinzufügen und leicht einkochen lassen. Sahne mit dem Eigelb verrühren und in die Sauce rühren. Kräuter zugeben, noch einmal kurz aufkochen und mit Salz und Pfeffer abschmecken.

Die Zanderfilets auf Teller verteilen und mit der Sauce servieren. Dazu Reis oder Kartoffeln servieren.

Zubereitungszeit: ca. 25 Minuten (plus Garzeit)
Pro Portion: ca. 548 kcal/2291 kJ

Zutaten

für 4 Personen

- *1 Zwiebel*
- *800 g Zanderfilet*
- *Salz, Pfeffer*
- *500 ml trockener Weißwein*
- *2 El Weinessig*
- *10 schwarze Pfefferkörner*
- *je 1 Bund Petersilie, Kerbel, Pimpinelle, Dill, Melde, Melisse*
- *40 g Butterschmalz*
- *2 El Mehl*
- *125 g Sahne*
- *2 Eigelb*
- *Salz*
- *schwarzer Pfeffer*

Landfrauen-Tipp

Die Pimpinelle schmeckt leicht nussig und liefert reichlich Vitamin C. Es heißt, sie wirke gegen Frühjahrsmüdigkeit und rege den Stoffwechsel an. Die anspruchslose, widerstandsfähige Staude gedeiht in Beet oder Balkontopf in sonniger oder halbschattiger Lage und ist in der Küche zum Beispiel in Salaten, Quarkspeisen oder zu Fisch vielseitig verwendbar.

Süßspeisen & Desserts

Grießflammerie mit Himbeeren

Die Eier trennen und die Eigelb mit 2 El Milch verquirlen. Restliche Milch mit 50 g Zucker, Zitronenschale, 1 Prise Salz und dem Grieß verrühren, unter ständigem Rühren erhitzen und ca. 5 Minuten quellen lassen. Anschließend vom Herd nehmen, die Rosinen unterrühren und kurz abkühlen lassen. Die Eigelb mit Milch zügig untermischen.

Das Eiweiß mit 2 El Zucker steif schlagen und unter die Grießmasse heben. Alles auf Förmchen verteilen und abgedeckt für ca. 2 Stunden in den Kühlschrank stellen.

Die Himbeeren pürieren und durch ein Sieb streichen. Dann mit dem Rotwein und dem restlichen Zucker aufkochen. Speisestärke mit etwas kaltem Wasser anrühren, zur Himbeersauce geben und einmal aufkochen lassen. Anschließend den Topf vom Herd nehmen und die Himbeersauce abkühlen lassen. Hin und wieder umrühren. Zum Servieren das Grießflammerie am Rand mit einem spitzen Messer lösen, auf Tellerchen stürzen und mit Himbeersauce anrichten.

Zubereitungszeit: ca. 35 Minuten (plus Kühlzeit)
Pro Portion: ca. 410 kcal/1690/ kJ

Zutaten

für 4 Personen

- 3 Eier
- 1/2 l Milch
- 100 g Zucker
- 1 Tl abgeriebene Schale von einer unbehandelten Zitrone
- Salz
- 60 g Hartweizengrieß
- 50 g Rosinen
- 250 g Himbeeren
- 250 ml Rotwein
- 1 El Speisestärke

Landfrauen-Tipp

Beerensträucher dürfen in keinem Bauerngarten fehlen, denn aus Himbeeren, Johannisbeeren oder Stachelbeeren lassen sich köstliche Marmeladen, Kuchen oder Desserts bereiten. Noch intensiver in der Fruchtnote und süßer sind wilde Himbeeren, die allerdings vor dem Verzehr in Wasser schwimmend besonders gut bereinigt werden sollten.

Zutaten

für 4 Personen

Für den Pudding
- 40 g Speisestärke
- 500 ml Milch
- 4 El Zucker
- 1/2 Päckchen Vanillezucker
- 1 Eigelb
- 100 g Zartbitterschokolade

Für die Vanillesauce
- 2 Eigelb
- 1 l Milch
- 30 g Speisestärke
- 60 g Zucker
- 1 Vanilleschote

Schokoladenpudding

Für den Pudding die Speisestärke mit 6 El Milch, Zucker und Vanillezucker mit dem Schneebesen in einer Schüssel klümpchenfrei verrühren.

Eigelb in einer weiteren Schüssel verquirlen. Die Schokolade grob zerkleinern, mit der restlichen Milch in einen Topf geben und einmal aufkochen lassen. Die Stärkemischung unterrühren und etwa 2–3 Minuten kochen lassen, bis die Masse dicklich wird.

Anschließend den Topf vom Herd nehmen und die Eigelb unterrühren. Den Pudding in kalt ausgespülte Puddingförmchen gießen und im Kühlschrank erkalten lassen.

Für die Vanillesauce die Eigelbe mit dem Handrührgerät cre-mig schlagen. 6 El Milch mit der Speisestärke glatt rühren. Die restliche Milch mit dem Zucker in einen Topf geben. Die Vanilleschote aufschlitzen, das Mark herauskratzen und in die Milch geben. Die leere Schote ebenfalls dazugeben. Alles zum Kochen bringen, die Vanilleschote entfernen und die Stärkemischung unterrühren. 2 Minuten unter Rühren kochen, bis die

Sauce eindickt. Dann den Topf vom Herd nehmen. Die Eigelbe einrühren und alles nochmals kurz aufkochen lassen.

Die Vanillesauce schmeckt heiß und kalt.

Zubereitungszeit: ca. 20 Minuten
(plus Koch- und Kühlzeit)
Pro Portion: ca. 540 kcal/2220 kJ

Landfrauen-Tipp

Wir kennen die Herstellung von Schokoladenpudding mit Vanillesauce fast nur noch mit Fertigprodukten aus Tüte und Flasche. Landfrauen jedoch kennen die Rezepte noch von ihren Müttern und Großmüttern – und das Ergebnis ist eine Offenbarung. Verwenden Sie eine Schokolade mit einem Kakaoanteil von 70 Prozent, damit der Pudding wirklich „schokoladig" schmeckt.

Milchreis mit Rhabarber-Erdbeer-Kompott

Die Milch mit dem Salz und 75 g Zucker in einen Topf geben und aufkochen. Den Reis einrühren und etwa 30 Minuten quellen lassen.

Für das Kompott den Rhabarber waschen, putzen, schälen und in mundgerechte Stücke schneiden. Die Vanilleschote aufschlitzen und das Mark herauskratzen. Den Rhabarber mit Vanillemark, Orangensaft und Zucker in einem Topf etwa 10 Minuten dünsten. Die Erdbeeren putzen, waschen und halbieren. Rhabarber mit den Erdbeeren und Orangenlikör mischen.

Den Reis in Servierschüsseln füllen. Restlichen Zucker mit dem Zimt mischen und den Milchreis damit servieren. Dazu Rhabarber-Erdbeer-Kompott reichen.

Zubereitungszeit: ca. 25 Minuten (plus Koch- und Quellzeit)
Pro Portion: ca. 345 kcal/1449 kJ

Landfrauen-Tipp

Fruchtkompotte lassen sich vielfältig aromatisieren: Feine Gewürze wie Vanille, Nelke, Zimt oder Kardamom verleihen warme Noten. Wer mag, fügt einen Schuss edlen Rum oder Obstbrand hinzu. Gehackte Kräuter wie Minze oder abgeriebene Zitronenschale unterstützen den fruchtigen Eigengeschmack – Ihrer Kreativität sind keine Grenzen gesetzt!

Zutaten

für 4 Personen

Für den Milchreis
· 1 l Milch
· 1 Prise Salz
· 100 g Zucker
· 250 g Milchreis
· 1 Tl Zimt

Für das Kompott
· 500 g Rhabarber
· 1 Vanilleschote
· 4 El Orangensaft
· 4 El Zucker
· 500 g Erdbeeren
· 2 El Orangenlikör

Zutaten

für 4 Personen

- 250 g Mehl
- 375 ml Milch
- 20 g Hefe
- 130 g Zucker
- 80 g Butter
- 1 Ei
- etwas abgeriebene Schale von einer unbehandelten Zitrone
- Salz
- 1 Vanilleschote
- 250 ml Schlagsahne
- 6 Eigelb

Landfrauen-Tipp

Landfrauen sind Meisterinnen in der Zubereitung von Hefeteigen. Dazu braucht es ein wenig Geduld und Fingerspitzengefühl. Mit einem kleinen Trick geraten Hefeteige für Dampfnudeln, Hefezöpfe und anderes Gebäck besonders locker und feinporig: Einmal mehr als vorgegeben kneten, dabei mit der trockenen Hand schlagen, und wieder gehen lassen.

Dampfnudeln mit Vanillesauce

Das Mehl in eine vorgewärmte Schüssel geben. 125 ml Milch erwärmen. Die Hefe in der Hälfte der erwärmten Milch mit 50 g Zucker verrühren. In das Mehl eine Mulde drücken und die Hefemilch hineinschütten. Zugedeckt an einem warmen Ort etwa 20 Minuten gehen lassen.

70 g Butter mit dem Ei, der Zitronenschale, dem Salz und der restlichen erwärmten Milch zum Hefeteig geben und alles zu einem geschmeidigen Teig verkneten, bis dieser Blasen wirft. Aus dem Teig Klöße formen und unter einem Tuch weitere 20 Minuten gehen lassen.

Anschließend in einen Bräter etwa 1 cm hoch Wasser einfüllen. Die restliche Butter, je 1 Prise Salz und Zucker zugeben und aufkochen lassen. Die aufgegangenen Dampfnudeln hineinsetzen und zuerst bei mittlerer, dann bei geringer Temperatur etwa 20 Minuten bei geschlossenem Deckel ziehen lassen. (Den Deckel nicht vorher öffnen.)

Nach 20 Minuten sollten die Dampf-nudeln an der Unterseite goldbraun sein. Den Deckel schnell abnehmen, sodass keine Wassertropfen auf die Nudeln fallen.

Für die Vanillesauce die Vanilleschote längs aufschlitzen, das Mark herauskratzen und beides mit der restlichen Milch und der Sahne in einem Topf aufkochen. Die Vanilleschote entfernen. Die Eigelbe mit dem restlichen Zucker cremig schlagen und die heiße Milch-Sahne unter Rühren zugießen.

Zubereitungszeit: ca. 45 Minuten
(plus Zeit zum Gehen und Garzeit)
Pro Portion: ca. 916 kcal/3853 kJ

Rote Grütze mit Vanillerahm

Die Kirschen waschen und entsteinen. Johannisbeeren ebenfalls waschen. In 1/2 l Wasser sowohl Kirschen als auch Johannisbeeren aufkochen lassen. Bei geschlossenem Deckel und schwacher Hitze ca. 10 Minuten weich kochen. Durch ein feines Sieb abgießen, die Beeren dabei ausdrücken und den Saft auffangen.

Die Himbeeren verlesen. Den Saft mit den Himbeeren und 100 g Zucker in den Topf geben und einmal aufkochen lassen. Die Speisestärke mit dem Rotwein glatt rühren und mit einem Schneebesen zügig unter den kochenden Saft rühren. Nochmals aufkochen lassen, dann die Grütze in eine Schüssel füllen.

Den restlichen Zucker über die Grütze streuen, dann abkühlen lassen und mindestens 2 Stunden in den Kühlschrank stellen.

Saure Sahne mit Vanillezucker glatt rühren und zu der roten Grütze servieren.

Zutaten

für 4–6 Personen

- · *350 g süße Kirschen*
- · *200 g Rote Johannisbeeren*
- · *250 g Himbeeren*
- · *125 g Zucker*
- · *40 g Speisestärke*
- · *100 ml Rotwein*
- · *300 g saure Sahne*
- · *1 El Vanillezucker*

Zubereitungszeit: ca. 30 Minuten (plus Gar- und Kühlzeit)
Pro Portion: ca. 370 kcal/1520 kJ

149

Backen nach Landfrauenart

In den urgemütlichen Küchen der Landfrauen wird das Brot-, Kuchen- und Plätzchenbacken noch heute ganz besonders gepflegt. Die Meisterinnen ihres Fachs profitieren von den Erfahrungen ihrer Mütter und Großmütter, die die alten überlieferten Familienrezepte von Generation zu Generation weitergegeben haben.

In diesem Kapitel finden Sie herrliche Backrezepte aus dem reichhaltigen Fundus der Landfrauen. Ob herzhaftes Bauernbrot, saftiger Apfel-Schmand-Kuchen oder knusprige Haferflockentaler — mit richtig guten, erntefrischen Zutaten und viel Liebe gebacken schmeckt's einfach am besten!

Backen / Brot & Brötchen

Zutaten

für 1 Brot (ca. 1000 g)

- *15 g Hefe*
- *200 g Sauerteig*
- *300 g Weizenmehl (Type 1005)*
- *200 g Roggen-Vollkornmehl*
- *100 g Honig*
- *1 Tl Salz*

Landfrauen-Tipp

Die verschiedenen Mehlsorten, die Sie im Handel kaufen können, haben in der Regel eine Typenbezeichnung, zum Beispiel „Type 405". Diese Zahl sagt Ihnen, wie viel Gramm Mineralstoffe in 100 Kilogramm Mehl enthalten sind: Je höher die Typenzahl, desto höher der Gehalt an Vitaminen, Mineral- und Ballaststoffen. Vollkornweizen enthält viele wichtige Vitamine und Mineralstoffe: Verwenden Sie deshalb kein weißes Weizenmehl (Type 105 oder 405), da dem leer gemahlenen Getreide die Mineralstoffe geraubt wurden, sondern dunkles Weizenmehl mit der Type 1005. Es hat viel mehr Schalenbestandteile und ergibt einen wesentlich dunkleren Teig.

Brot & Brötchen

Bauernbrot

Die Hefe in 50 ml lauwarmes Wasser bröckeln und ca. 5 Minuten ruhen lassen.

Sauerteig, Weizenmehl, Roggen-Vollkornmehl, Honig, Salz und 200 ml lauwarmes Wasser in eine Schüssel geben und gut umrühren.

Die angerührte Hefe dazugeben und den Teig auf einer bemehlten Fläche gut durchkneten.

Den Teig 1 Stunde lang zugedeckt an einem warmen Ort gehen lassen.

Danach den Teig erneut gut durchkneten und anschließend mit bemehlten Händen zu einem runden Brotlaib formen.

Das Brot eine weitere Stunde gehen lassen, währenddessen den Backofen auf 200 °C vorheizen. Das Brot mit Wasser bepinseln und auf der mittleren Schiene ca. 45 Minuten backen.

Zubereitungszeit: ca. 20 Minuten
(plus Zeit zum Gehen und Backen)
Pro Brot: ca. 2582 kcal/10812 kJ

Landfrauen-Tipp

Um die Frische von Hefe zu prüfen, sollten Sie ein wenig davon in ein Glas heißes Wasser geben. Steigt sie hoch, ist ihre Triebkraft noch gut.

Vollkornbrot

Die Hefe in 50 ml lauwarmes Wasser bröckeln und ca. 5 Minuten ruhen lassen.

Dinkelmehl, Butter, Kürbiskerne, Sonnenblumenkerne, Salz und 150 ml lauwarmes Wasser in eine Schüssel geben und gut umrühren.

Die angerührte Hefe dazugeben und den Teig auf einer bemehlten Fläche gut durchkneten.

Den Teig 1 Stunde lang zugedeckt an einem warmen Ort gehen lassen.

Danach den Teig erneut gut durchkneten und anschließend mit bemehlten Händen zu einem runden Brotlaib formen.

Das Brot eine weitere Stunde gehen lassen, währenddessen den Backofen auf 200 °C vorheizen.

Das Brot mit Wasser bepinseln und auf der mittleren Schiene ca. 45 Minuten backen.

Zubereitungszeit: ca. 20 Minuten (plus Zeit zum Gehen und Backen)
Pro Brot: ca. 1698 kcal/7111 kJ

Zutaten

für 1 Brot (ca. 500 g)

- *5 g Hefe*
- *300 g Dinkelmehl*
- *15 g Butter*
- *50 g Kürbiskerne*
- *50 g Sonnenblumenkerne*
- *1 Tl Salz*

Roggenschrotbrot

Die Hefe in 50 ml lauwarmes Wasser bröckeln und ca. 5 Minuten ruhen lassen.

Sauerteig, Roggen-Vollkornmehl, Roggen-Vollkornschrot, Salz und 100 ml lauwarmes Wasser in eine Schüssel geben und gut umrühren.

Die angerührte Hefe dazugeben und den Teig auf einer bemehlten Fläche gut durchkneten.

Den Teig 1 Stunde lang zugedeckt an einem warmen Ort gehen lassen.

Danach den Teig erneut gut durchkneten und anschließend mit bemehlten Händen zu einem runden Brotlaib formen.

Landfrauen-Tipp

Roggenbrot sieht nicht nur deftig und dunkel aus, es enthält auch alle Nähr- und Ballaststoffe, Vitamine und Mineralien in Hülle und Fülle. Sein hoher Magnesiumgehalt kommt Herz, Kreislauf und Nerven zugute, sein Fluorgehalt stärkt Zähne, Haut, Haare und Nägel.

Das Brot eine weitere Stunde gehen lassen, währenddessen den Backofen auf 200 °C vorheizen. Das Brot mit Wasser bepinseln und auf der mittleren Schiene ca. 45 Minuten backen.

Zubereitungszeit: ca. 20 Minuten (plus Zeit zum Gehen und Backen)
Pro Brot: ca. 1090 kcal/4566 kJ

Zutaten

für 1 Brot (ca. 500 g)

· *10 g Hefe*
· *100 g Sauerteig*
· *150 g Roggen-Vollkornmehl*
· *100 g Roggen-Vollkornschrot*
· *1 Tl Salz*

Körnerbrot

Die Hefe in 50 ml lauwarmes Wasser bröckeln und ca. 5 Minuten ruhen lassen.

Sauerteig, Dinkelmehl, Roggen-Vollkornmehl, Leinsamen, Sesam, Sonnenblumenkerne, Kürbiskerne, Salz und 200 ml lauwarmes Wasser in eine Schüssel geben und gut umrühren.

Die angerührte Hefe dazugeben und den Teig auf einer bemehlten Fläche gut durchkneten.

Den Teig 1 Stunde lang zugedeckt an einem warmen Ort gehen lassen.

Danach den Teig erneut gut durchkneten und anschließend mit bemehlten Händen zu einem länglichen Brotlaib formen.

Landfrauen-Tipp

Wenn Sie auf Weizen allergisch reagieren, könnte Dinkel eine gute Alternative sein. Das gesunde Getreide ist mit dem Weichweizen verwandt und aus den Urweizenarten Einkorn und Emmer hervorgegangen. Dinkel schmeckt leicht nussig, ist beim Backen unproblematisch und enthält mehr Mineralstoffe und Vitamine als der beste Weizen. Schon die heilkundige Äbtissin Hildegard von Bingen (1098–1179) rühmte Dinkel als das „beste Korn": Es mache „seinem Esser rechtes Fleisch und rechtes Blut, frohen Sinn und freudig menschliches Denken".

Das Brot eine weitere Stunde gehen lassen, währenddessen den Backofen auf 200 °C vorheizen. Das Brot mit Wasser bepinseln und auf der mittleren Schiene ca. 45 Minuten backen.

Zubereitungszeit: ca. 20 Minuten (plus Zeit zum Gehen und Backen)
Pro Brot: ca. 2508 kcal/10500 kJ

Zutaten

für 1 Brot (ca. 700 g)

· *10 g Hefe*
· *100 g Sauerteig*
· *150 g Dinkelmehl*
· *150 g Roggen-Vollkornmehl*
· *100 g Leinsamen*
· *100 g Sesam*
· *50 g Sonnenblumenkerne*
· *50 g Kürbiskerne*
· *1 Tl Salz*

Leinsamen-Hafer-Brot

Die Hefe in 50 ml lauwarmes Wasser bröckeln und ca. 5 Minuten ruhen lassen.

Dinkelmehl, Haferkleie, Leinsamen, Apfelessig, Salz und 200 ml lauwarmes Wasser in eine Schüssel geben und gut umrühren.

Die angerührte Hefe dazugeben und den Teig auf einer bemehlten Fläche gut durchkneten.

Den Teig 1 Stunde lang zugedeckt an einem warmen Ort gehen lassen.

Danach den Teig erneut gut durchkneten und anschließend mit bemehlten Händen zu einem runden Brot formen.

Das Brot eine weitere Stunde gehen lassen, währenddessen den Backofen auf 200 °C vorheizen. Das Brot mit Wasser bepinseln und auf der mittleren Schiene ca. 45 Minuten backen.

Zubereitungszeit: ca. 20 Minuten (plus Zeit zum Gehen und Backen)
Pro Brot: ca. 1890 kcal/7914 kJ

Zutaten

für 1 Brot (ca.700 g)

· *10 g Hefe*
· *300 g Dinkelmehl*
· *150 g Haferkleie*
· *100 g Leinsamen*
· *3 EL Apfelessig*
· *1 Tl Salz*

Landfrauen-Tipp

Die nussig-würzigen Leinsamenkörnchen lassen sich nicht nur für Brot und Brötchen verwerten: Auch als Heilpflanze leistet Lein viele gute Dienste. So ist Leinsamen ein natürliches Abführmittel: Lassen Sie dazu den Leinsamen in Wasser quellen, bevor Sie ihn zu sich nehmen. Bei Halsschmerzen hat sich eine warme Kompresse mit Leinsamenkörnern bewährt: Kochen Sie einen Esslöffel Leinsamenmehl mit einer Handvoll Eibischwurzeln in drei Litern Wasser. Zerstoßen Sie das Ganze dann zu einem Brei und verteilen Sie ihn auf einem Leinentuch, das Sie sich um den Hals binden.

Schwarzbrot

Die Hefe in 100 ml lauwarme Buttermilch bröckeln und ca. 5 Minuten ruhen lassen.

Roggenschrot, Weizenschrot, Zuckercouleur, Salz und 500 ml lauwarme Buttermilch in eine Schüssel geben und gut umrühren.

Den Teig 1 Stunde lang zugedeckt an einem warmen Ort gehen lassen.

Danach den Teig erneut gut durchkneten und anschließend in eine ausgefettete Backform geben. Die Backform mit Alufolie abdecken.

Den Backofen auf 120 °C vorheizen. Das Brot auf der mittleren Schiene ca. 4 Stunden backen.

Backofen nach der Backzeit abschalten und das Brot im Ofen auskühlen lassen.

Zubereitungszeit: ca. 20 Minuten (plus Zeit zum Gehen und Backen)
Pro Brot: ca. 2496 kcal/10452 kJ

Zutaten

für 1 Brot (ca. 1300 g)

- *15 g Hefe*
- *450 g Roggenschrot*
- *300 g Weizenschrot*
- *600 g Buttermilch*
- *40 g Zuckercouleur*
- *2 Tl Salz*

Landfrauen-Tipp

Buttermilch ist ursprünglich ein „Abfallprodukt", das bei der Gewinnung von Butter aus Sauerrahm übrig bleibt. Das Besondere an der Buttermilch ist, dass sie fast kein Fett, dafür aber fast alle übrigen wertvollen Nährstoffe der Milch enthält, vor allem Eiweiß und Mineralstoffe. Ungesüßte Buttermilch ist daher ein gesunder und erfrischender Schlankmacher.

Backen / Brot & Brötchen

Zutaten

für 1 Brot (ca. 600 g)

- 5 g Hefe
- 100 g Sauerteig
- 100 g Weizenmehl (Type 1005)
- 250 g Vollkorn-Roggenmehl
- 150 g Saure Sahne
- 1 Tl Salz

Sauerteigbrot

Die Hefe in 50 ml lauwarmes Wasser bröckeln und ca. 5 Minuten ruhen lassen.

Sauerteig, Weizenmehl, Vollkorn-Roggenmehl, Saure Sahne, Salz und 100 ml lauwarmes Wasser in eine Schüssel geben und gut umrühren.

Die angerührte Hefe dazugeben und den Teig auf einer bemehlten Fläche gut durchkneten.

Den Teig 1 Stunde lang zugedeckt an einem warmen Ort gehen lassen.

Danach den Teig erneut gut durchkneten und anschließend mit bemehlten Händen zu einem runden Brotlaib formen.

Das Brot wieder eine weitere Stunde gehen lassen, währenddessen den Backofen auf 200 °C vorheizen. Das Brot mit Wasser bepinseln und auf der mittleren Schiene ca. 55 Minuten backen.

Zubereitungszeit: ca. 20 Minuten
(plus Zeit zum Gehen und Backen)
Pro Brot: ca. 1626 kcal/6806 kJ

Landfrauen-Tipp

Trockenhefe können Sie zwar leichter und länger lagern als frische Hefe, die schnell verdirbt. Ideale Backergebnisse erreichen Sie jedoch nur mit frischer Hefe! Damit die Hefe ihre Arbeit tun kann, muss der Teig „gehen", wie man so treffend sagt, das heißt, er muss bei Zimmertemperatur – oder etwas darüber – eine Zeit lang ruhen. Um für diesen Prozess optimale Bedingungen zu schaffen, sollte es schön warm sein, jedoch nicht über 40 °C, da die Hefe bei dieser Temperatur abstirbt.

Brötchen mit Sonnenblumenkernen

Die Hefe in 50 ml lauwarmes Wasser bröckeln und ca. 5 Minuten ruhen lassen.

Das Weizenmehl in eine Rührschüssel sieben. Sonnenblumenkerne, Salz und 130 ml lauwarmes Wasser dazugeben und alles mit den Knethaken des Handrührgerätes zunächst auf niedrigster, dann auf höchster Stufe zu einem glatten Teig verarbeiten.

Die angerührte Hefe dazugeben und den Teig auf einer bemehlten Fläche gut durchkneten.

Mit bemehlten Händen Brötchen formen und 1 Stunde lang zugedeckt an einem warmen Ort gehen lassen.

Den Backofen auf 250 °C vorheizen. Die Brötchen auf der mittleren Schiene ca. 20 Minuten backen.

Zubereitungszeit: ca. 15 Minuten (plus Zeit zum Gehen und Backen)
Pro Brötchen: ca. 143 kcal/599 kJ

Zutaten

für ca. 10 Brötchen

- *10 g Hefe*
- *250 g Weizenmehl (Type 405)*
- *100 g Sonnenblumenkerne*
- *1 Tl Salz*

Landfrauen-Tipp

Mehl ist ein empfindliches Gut. Damit es seine Backeigenschaft nicht verringert, sollten Sie es immer trocken, lichtgeschützt und luftig bei höchstens 20 °Celsius aufbewahren. Bei ordnungsgemäßer Lagerung können Sie helles Mehl ungefähr ein Jahr lang verwenden, dunkles Mehl etwa neun Monate. Schrot und Vollkornmehl halten ungefähr ein halbes Jahr.

Zutaten

für ca. 10 Brötchen

- *250 g Roggenmehl*
- *400 g Dinkelmehl (Type 630)*
- *20 g Salz*
- *1 Pck. Sauerteig (125 g)*
- *1 Würfel frische Hefe (42 g)*
- *250 g Roggenschrot*
- *70 g kernige Haferflocken*
- *60 g Seamsaat*

Roggenbrötchen

Roggen- und Dinkelmehl sowie Salz in einer Rührschüssel mischen. Sauerteig, Hefe und 600 ml lauwarmes Wasser verrühren, bis sich die Hefe aufgelöst hat. Mit der Mehlmischung verkneten. Teig mit einem sauberen Küchentuch abdecken und an einem warmen Ort 20 Minuten gehen lassen. Roggenschrot, die Hälfte der Haferflocken und ein Drittel des Sesams hinzufügen und gut verkneten. Den Teig 3 Stunden ruhen lassen.

Teig auf einer bemehlten Arbeitsfläche nochmals durchkneten. In 15 gleich große Stücke teilen und mit feuchten Händen zu runden Brötchen formen. Restliche Haferflocken mit dem restlichen Sesam mischen und die Brötchen darin wälzen. Auf ein mit Backpapier belegtes Backblech legen und nochmals 30 Minuten gehen lassen. Den Backofen auf Ober-/Unterhitze 220 °C vorheizen.

Brötchen im vorgeheizten Backofen auf mittlerer Schiene 25 – 30 Minuten backen und auf einem Rost abkühlen lassen.

*Zubereitungszeit: 30 Minuten
(plus Zeit zum Gehen und Backen)
Pro Brötchen: ca. 377 kcal/1576 kJ*

Landfrauen-Tipp

*Achten Sie darauf, dass Sie beim Backen von Brot
und Brötchen eine feuchte Wärme erzeugen. Stellen
Sie dazu ein Gefäß, das mit heißem Wasser gefüllt
ist, auf den Boden des Ofens. Ein feuchtes Klima im
Ofen macht die Kruste des Teiglings elastisch und
begünstigt das Aufgehen, sodass die Krume locker
wird.*

Kuchen

Nusskuchen

Eine Gugelhupfform (22 cm Durchmesser) einfetten und mit Mehl ausstäuben. Den Backofen auf 180 °C vorheizen. Die Haselnüsse in einer Pfanne ohne Zugabe von Fett unter ständigem Rühren rösten, bis sie anfangen zu duften. Vom Herd nehmen und abkühlen lassen.

Die Eier trennen. Butter mit 200 g Zucker, Vanillezucker und 1 Prise Salz in eine hohe Rührschüssel geben und mit den Rührbesen des Handrührgeräts schaumig rühren. Eigelb nach und nach dazugeben und unter die Buttermasse rühren. Das Mehl mit dem Backpulver mischen und über die Eier-Butter-Masse sieben. Zusammen mit den gerösteten Haselnüssen zügig mit einem Kochlöffel unter den Teig rühren.

Das Eiweiß mit 1 Prise Salz und dem restlichen Zucker steif schlagen. Mit einem Kochlöffel erst ein Drittel, dann das restliche Eiweiß unter den Teig heben.

Den Teig in die Gugelhupfform füllen, glatt streichen und den Kuchen auf der mittleren Schiene ca. 1 Stunde backen. Den Kuchen aus dem Ofen nehmen, 10 Minuten in der Form abkühlen lassen, dann vorsichtig auf ein Kuchengitter stürzen. Vollständig auskühlen lassen und kurz vor dem Servieren mit Puderzucker bestäuben.

Zubereitungszeit: ca. 30 Minuten (plus Backzeit)
Pro Stück: ca. 430 kcal/1800 kJ

Zutaten

für ca. 15 Stücke

Für den Teig
· *200 g gemahlene Haselnüsse*
· *5 Eier*
· *250 g zimmerwarme Butter*
· *300 g Zucker*
· *1 Päckchen Vanillezucker*
· *Salz*
· *300 g Mehl*
· *2 Tl Backpulver*

Außerdem
· *weiche Butter und Mehl für die Form*
· *Puderzucker zum Bestäuben*

Landfrauen-Tipp

Selbst gesammelte Haselnüsse lassen sich gut für den späteren Genuss einlagern, der Aufbewahrungsort sollte kühl und trocken sein. Das Nussaroma im Kuchen oder in anderen Gerichten wird besonders kräftig, wenn Sie die Haselnusskerne vor dem Mahlen kurz in einer trockenen Pfanne ohne Fett anrösten.

171

Zutaten

für ca. 20 Stücke

Für den Teig
· *5 Eier*
· *190 g Butter*
· *225 g Zucker*
· *1 Prise Salz*
· *225 g Mehl*

Für den Belag
· *1 kg Äpfel*
· *Saft von 1/2 unbehandelten Zitrone*
· *500 ml Milch*
· *50 g Zucker*
· *1 Päckchen Vanillepuddingpulver*
· *1 Ei*
· *1 Eigelb*

Für den Guss
· *250 g Schmand*
· *50 g Zucker*
· *2 Päckchen Vanillezucker*
· *3 Eier*

Außerdem
· *weiche Butter für die Form*
· *Puderzucker zum Bestäuben*

Apfel-Schmand-Kuchen

Den Backofen auf 175 °C vorheizen. Ein tiefes Backblech einfetten und mit Semmelbröseln ausstreuen. Die Eier trennen und das Eiweiß steif schlagen. Bis zur weiteren Verwendung kalt stellen.

Die Butter in einem flachen Topf schmelzen und etwas abkühlen lassen. Eigelb mit Zucker und Salz cremig rühren. Das Mehl unterrühren, anschließend die flüssige Butter einrühren. Den Eischnee daraufgeben und unterheben.

Für den Belag die Äpfel schälen, halbieren, das Kerngehäuse entfernen und die Äpfel in Spalten schneiden. Mit Zitronensaft beträufeln. Aus Milch, Zucker und Puddingpulver nach Packungsanweisung einen Pudding kochen. Ei und Eigelb miteinander verquirlen und zügig unter den heißen Pudding rühren.

Den Teig auf das Backblech streichen. Zuerst den heißen Pudding, dann die Apfelspalten darauf verteilen. Schmand, Zucker, Vanillezucker und Eier verrühren. Den Guss über die Äpfel geben und den Kuchen auf der unteren Schiene etwa 40–45 Minuten backen. Den heißen Kuchen sofort mit Zucker bestreuen.

Zubereitungszeit: ca. 50 Minuten
(plus Backzeit)
Pro Stück: ca. 308 kcal/1291 kJ

Heidelbeerkuchen

Für den Mürbeteig Mehl auf die Arbeitsfläche sieben und in die Mitte eine Vertiefung hineindrücken. Ei in die Mulde geben. Butter in Stücke schneiden und zusammen mit Zucker und 1 Prise Salz auf dem Mehlrand verteilen.

Zutaten mit einem Messer grob zerkleinern. Dann mit den Händen zu einem glatten Teig verkneten. Teig in Folie wickeln und im Kühlschrank ca. 30 Minuten ruhen lassen.

Backofen auf 180 °C vorheizen. Heidelbeeren verlesen, waschen und gut abtropfen lassen. Den Teig ausrollen und in eine gefettete Springform (24 cm Durchmesser) legen, die Ränder gut festdrücken. Teig mit einer Gabel mehrmals einstechen. Die Heidelbeeren auf dem Teig verteilen.

Das Ei mit Sahne und Zucker verquirlen und über die Beeren geben. Den Kuchen im Ofen etwa 20 Minuten backen.

Zubereitungszeit: ca. 30 Minuten (plus Ruhe- und Backzeit)
Pro Stück: ca. 180 kcal/750 kJ

Landfrauen-Tipp

Eine Landfrau hat die Zutaten zum Kuchenbacken immer frisch zur Hand – und weiß sich auch zu helfen, wenn es einmal an Eiern fehlt. Sie nimmt statt eines Eis zwei Esslöffel Milch und eine Messerspitze Backpulver für den Teig. Machen Sie es wie die Landfrau, wenn Sie die Eier beim Einkauf vergessen haben!

Zutaten

für ca. 12 Stücke

Für den Teig
· *200 g Mehl*
· *1 Ei*
· *120 g Butter*
· *60 g Zucker*
· *Salz*

Für den Belag
· *400 g Heidelbeeren*
· *1 Ei*
· *250 ml Sahne*
· *3 El Zucker*

Außerdem
· *Fett für die Form*

Zutaten

für ca. 20 Stücke

Für den Teig
· *250 ml Milch*
· *500 g Mehl*
· *20 g Hefe*
· *80 g Zucker*
· *50 g Butter*
· *1 Päckchen Vanillezucker*
· *Salz*

Für den Belag
· *3 kg Bühler Zwetschgen*
· *Zucker zum Bestreuen*

Außerdem
· *Fett für das Blech*

Zwetschgenkuchen

Milch erwärmen. Mehl in eine große Rührschüssel sieben. In die Mitte des Mehls eine Mulde drücken. Hefe hineinbröckeln. 1 Tl Zucker darüberstreuen. Hefe mit etwas lauwarmer Milch und etwas Mehl vom Rand zu einem dicken Brei verrühren. Etwas Mehl darüberstäuben. Vorteig etwa 10 Minuten zugedeckt an einem warmen Ort gehen lassen, bis sich Risse bilden.

Butter zerlassen, in die Milch rühren und die Flüssigkeit lauwarm abkühlen lassen. Restlichen Zucker, Vanillezucker und die lauwarme Flüssigkeit zu dem Teig geben und mit den Knethaken des Handrührgerätes unterrühren. 1 Prise Salz dazugeben und unterrühren. Teig herausnehmen und mit den Händen weiterkneten, bis er nicht mehr klebt. Ggf. noch etwas Mehl unterkneten. Teig in die Schüssel geben und mit einem Küchentuch bedeckt an einem warmen Ort etwa 60 Minuten gehen lassen, bis er sich verdoppelt hat. Teig noch einmal gut mit den Händen durchkneten. Backblech einfetten und den Teig darauf ausrollen.

Backofen auf 200–225 °C vorheizen. Für den Belag die Zwetschgen waschen, mit einem Tuch trocken reiben, entsteinen und hal-

bieren. Die Zwetschgenhälften schuppen-
förmig auf den Teig legen.

Den Teig nochmals etwa 10 Minuten
an einem warmen Ort gehen lassen. Dann
20–30 Minuten auf der mittleren Schiene
backen. Den Kuchen abkühlen lassen und
nach Belieben mit Zucker bestreuen.

Zubereitungszeit: ca. 30 Minuten
(plus Geh- und Backzeit)
Pro Stück: ca. 200 kcal/840 kJ

Landfrauen-Tipp

Im Spätsommer freuen sich alle Blechkuchenfreunde
auf Hefekuchen mit frischen Zwetschgen. Fällt die
Ernte üppig aus, bereiten wir noch Pflaumenkom-
pott zu, das mit Vanillesauce als Dessert mundet,
oder trocknen reife, entkernte Zwetschgen im
Dörrautomaten oder im Backofen für den Verzehr
im Winter.

Schwäbischer Träubleskuchen

Mehl auf die Arbeitsfläche sieben, das Fett in Flöckchen darauf verteilen. Zucker, Eigelb und 1 El eiskaltes Wasser dazugeben. Alles mit einem Messer grob zerhacken, dann mit den Händen rasch zu einem glatten Teig verkneten. Teig zu einer Kugel formen, in Klarsichtfolie wickeln und im Kühlschrank etwa 1 Stunde ruhen lassen.

In der Zwischenzeit die Johannisbeeren waschen, trocken tupfen, verlesen und mit einer Gabel von den Rispen streifen.

Backofen auf 200 °C vorheizen. Den Teig auf der bemehlten Arbeitsfläche ausrollen, dann auf den Boden einer gefetteten Springform (26 cm Durchmesser) legen.

Mit dem Teigrest den Rand der Form auskleiden. Mit einer Gabel den Teig mehrfach einstechen und auf der mittleren Schiene etwa 10 Minuten vorbacken.

In der Zwischenzeit für das Baiser das Eiweiß sehr steif schlagen und dabei den Zucker einrieseln lassen. Die Mandeln unterheben. Eine Hälfte der Eischneemasse mit den Johannisbeeren mischen und auf dem vorgebackenen Mürbeteigboden verteilen, die andere Hälfte daraufgeben, vorsichtig verstreichen. Den Backofen auf 180 °C herunterschalten und den Kuchen weitere 30 Minuten backen.

Zubereitungszeit: ca. 35 Minuten (plus Ruhe- und Backzeit)
Pro Stück: ca. 320 kcal/1340 kJ

Zutaten

für ca. 12 Stücke

Für den Teig
- *250 g Mehl*
- *125 g Butter*
- *65 g Zucker*
- *2 Eigelb*

Für den Belag
- *500 g Rote Johannisbeeren*
- *2 Eiweiß*
- *125 g Zucker*
- *100 g abgezogene gemahlene Mandeln*

Außerdem
- *Mehl für die Arbeitsfläche*
- *Fett für die Form*

Zutaten

für ca. 12 Stücke

Für den Teig
· *200 g Mehl*
· *1 Ei*
· *120 g Butter*
· *60 g Zucker*
· *Salz*

Für den Belag
· *1 Päckchen Vanillepuddingpulver*
· *40 g Zucker*
· *450 ml Milch*
· *1 kg Rhabarber*
· *15–20 g Speisestärke*
· *Zucker nach Belieben*

Außerdem
· *Fett und Semmelbrösel für die Form*

Landfrauen-Tipp

In vielen Gärten auf dem Land ist Rhabarber noch zu finden: Die sauren Stängel sind zum Rohverzehr ungeeignet, die Blätter sind wegen der enthaltenen Oxalsäure gar giftig. Für Zubereitungen putzen Sie die knackigen Stängel, schneiden sie in kurze Stücke und pochieren sie in wenig Wasser. Rhabarber muss immer gesüßt werden.

Rhabarberboden

Für den Mürbeteig Mehl auf die Arbeitsplatte sieben und in die Mitte eine Vertiefung hineindrücken. Ei in die Mulde geben. Butter in Stücke schneiden und zusammen mit Zucker und 1 Prise Salz auf dem Mehlrand verteilen. Zutaten mit einem Messer grob zerkleinern. Dann mit den Händen zu einem glatten Teig verkneten. Teig in Folie wickeln und im Kühlschrank ca. 30 Minuten ruhen lassen.

Ofen auf 225 °C vorheizen. Eine Obstbodenform (30 cm Durchmesser) einfetten und mit Semmelbröseln ausstreuen. Den Teig in die Form geben und auf der mittleren Schiene bei 200–225 °C ca. 10–15 Minuten backen. Abkühlen lassen.

In der Zwischenzeit für den Belag den Vanillepudding nach Packungsanleitung, jedoch nur mit 450 ml Milch zubereiten. Unter Rühren kurz etwas abkühlen lassen, dann auf den Teigboden geben, glatt streichen und fest werden lassen.

Den Rhabarber schälen und in Stücke schneiden. In einen Topf geben und auf kleiner Stufe unter regelmäßigem Rühren zu einem weichen Mus garen.

Speisestärke mit kaltem Wasser anrühren. Den Topf mit dem Rhabarber vom Herd nehmen und die Speisestärke unter die Rhabarbermasse rühren. Kurz aufkochen lassen. Herunternehmen und nach Belieben mit Zucker abschmecken. Die Masse unter Rühren etwas abkühlen lassen, dann auf die fest gewordene Puddingschicht geben. Fest werden lassen.

Zubereitungszeit: ca. 30 Minuten
(plus Ruhe- und Backzeit)
Pro Stück: ca. 200 kcal/840 kJ

Rupfkuchen

Für den Teig das Mehl mit Zucker, 1 Prise Salz, Vanillezucker, Zitronenschale und Butter in eine Schüssel geben. Die Hefe in der lauwarmen Milch auflösen und nach und nach unter die Mehlmischung kneten. So lange kneten, bis der Teig Blasen wirft und sich vom Schüsselrand löst. Den Teig zugedeckt mindestens 60 Minuten gehen lassen.

Anschließend den Teig kräftig durchkneten und auf einer bemehlten Arbeitsfläche ausrollen. Teigplatte auf ein gefettetes Backblech legen, mehrfach mit einer Gabel einstechen und zugedeckt 15 Minuten gehen lassen.

Inzwischen für den Belag aus Milch, 80 g Zucker und dem Puddingpulver einen Pudding kochen und auskühlen lassen. Die Sauerkirschen in einem Sieb abtropfen lassen.

Den Backofen auf 175 °C vorheizen. Die Rosinen mit den Mandeln und der Hälfte der Kokosraspeln unter den Pudding heben und die Puddingmasse auf dem Teig verteilen. Die abgetropften Sauerkirschen auf der Puddingmasse verteilen.

Den restlichen Zucker mit den restlichen Kokosraspeln, dem Mehl, dem Ei, der Butter und der sauren Sahne zu einem Teig verkneten. Den Teig in Flocken auf den Sauerkirschen verteilen. Den Kuchen im Backofen etwa 40 Minuten goldgelb backen.

Zubereitungszeit: ca. 45 Minuten (plus Geh- und Backzeit)
Pro Stück: ca. 516 kcal/2160 kJ

Landfrauen-Tipp

Pudding brennt leicht an, und der Pudding nimmt einen Brandgeschmack an. Das Anbrennen wussten schon die Großmütter der heutigen Landfrauen zu verhindern, indem sie etwas Zucker auf den Boden des Topfes streuten und dann erst vorsichtig die Milch in den Topf gossen. Die Milch darf während des Aufkochens nicht umgerührt werden.

Zutaten

für ca. 20 Stücke

Für den Teig
· *500 g Mehl*
· *100 g Zucker*
· *Salz*
· *1 Päckchen Vanillezucker*
· *1 Tl abgeriebene Schale von 1 unbehandelten Zitrone*
· *150 g Butter*
· *42 g Hefe*
· *125 ml lauwarme Milch*

Für den Belag
· *500 ml Milch*
· *250 g Zucker*
· *1 Päckchen Vanillepuddingpulver*
· *2 Gläser Sauerkirschen*
· *125 g Rosinen*
· *100 g gehackte Mandeln*
· *250 g Kokosraspeln*
· *100 g Mehl*
· *1 Ei*
· *125 g Butter*
· *500 g saure Sahne*

Außerdem
· *Mehl zum Ausrollen, Fett für das Blech*

Zutaten

für ca. 25 Plätzchen

Für den Teig
· *125 g Mehl*
· *60 g Speisestärke*
· *1 Eigelb*
· *50 g feiner Zucker*
· *1 Prise Salz*
· *100 g weiche Butter*
· *3 El Schmand*

Außerdem
· *Schmand zum Bestreichen*
· *Hagelzucker zum Bestreuen*
· *Mehl für die Arbeitsfläche*

Plätzchen

Schmandplätzchen

Das Mehl mit der Speisestärke mischen. Auf die Arbeitsfläche sieben und eine Mulde hineindrücken. Eigelb, Zucker, Salz und die weiche Butter in kleinen Stücken hineingeben. Den Schmand dazugeben und alles rasch miteinander verkneten.

Den Teig zur Kugel rollen, in Folie wickeln und für mindestens 1 Stunde in den Kühlschrank stellen.

Den Backofen auf 180 °C (Umluft 160 °C) vorheizen. Ein Backblech mit Backpapier auslegen. Den Teig auf einer bemehlten Arbeitsfläche dünn ausrollen.

Verschiedene Formen ausstechen und diese auf das Backblech setzen. Die Plätzchen dünn mit Schmand bestreichen und mit Hagelzucker bestreuen. Auf der mittleren Schiene ca. 10 Minuten backen. Herausnehmen und abkühlen lassen.

Zubereitungszeit: ca. 30 Minuten
(plus Kühl- und Backzeit)
Pro Stück: ca. 81 kcal/341 kJ

Landfrauen-Tipp

Sollen mehrere Partien an Plätzchen nacheinander gebacken werden, steht aber nur ein Backblech zur Verfügung, haben erfahrene Bäcker und Bäckerinnen eine einfache Lösung parat: Die Plätzchen auf einem mit Backpapier belegten Blech backen und dieses von der abgeflachten langen Seite her rasch mit den fertigen Plätzchen herunterziehen. Weiter geht das Backvergnügen!

Himbeertörtchen

Für die Füllung Crème fraîche aufkochen und die weiße Schokolade in Stücken unter Rühren darin schmelzen. Die Himbeeren waschen, trocknen und pürieren. Zusammen mit dem Himbeergeist einrühren und etwa 3 Stunden kalt stellen.

Für den Teig alle Zutaten zusammen mit dem Vanillemark rasch verkneten. Zur Kugel rollen, in Folie wickeln und 30 Minuten im Kühlschrank ruhen lassen.

Den Backofen auf 200 °C (Umluft 180 °C) vorheizen. Auf der leicht bemehlten Arbeitsfläche den Teig 3–4 mm dick ausrollen und mit runden Ausstechformen etwa 40 Plätzchen ausstechen.

Die Plätzchen auf mit Backpapier ausgelegte Backbleche legen und 8–10 Minuten backen. Auf einem Kuchengitter ca. 20 Minuten auskühlen lassen.

Schokoladencreme in einen Spritzbeutel geben und auf die Plätzchen verteilen. Die Himbeeren waschen, trocken tupfen und auf jedes Törtchen eine zur Dekoration setzen. Bis zum Servieren im Kühlschrank aufbewahren.

Zubereitungszeit: ca. 70 Minuten (plus Kühl- und Backzeit)
Pro Stück: ca. 52 kcal/218 kJ

Zutaten

für ca. 40 Plätzchen

Für den Teig
· *125 g Mehl*
· *1 Eigelb*
· *50 g feiner Zucker*
· *1 Prise Salz*
· *100 g weiche Butter*
· *Mark von 1/2 Vanilleschote*

Für die Füllung
· *220 g Crème fraîche*
· *350 g weiße Schokolade*
· *150 g Himbeeren*
· *50 ml Himbeergeist*

Außerdem
· *40 frische Himbeeren zum Garnieren*
· *Mehl für die Arbeitsfläche*

Landfrauen-Tipp

Fällt die Himbeerernte im Juli üppig aus, können nicht alle zarten Früchte sofort verarbeitet werden. Kein Problem, denn Himbeeren lassen sich gut einfrieren: Sanft reinigen, am besten schwimmend in stehendem Wasser, damit die empfindlichen Früchte keinen Schaden nehmen, und in flachen Schalen möglichst nebeneinanderliegend im Tiefkühlfach vorfrieren und dann erst in kompaktere Tiefkühlbehälter umfüllen.

187

Zutaten

für ca. 20 Plätzchen

Für den Teig
- *125 g Mehl*
- *1 Eigelb*
- *50 g feiner Zucker*
- *1 Prise Salz*
- *100 g weiche Butter*

Für die Füllung & Überzug
- *60 g Nuss-Nougat-Creme*
- *100 g dunkle Schokolade*

Außerdem
- *Mehl für die Arbeitsfläche*

Nougat-Plätzchen

Das Mehl auf die Arbeitsfläche sieben und eine Mulde hineindrücken. Eigelb, Zucker, Salz und die weiche Butter in kleinen Stücken darin verteilen.

Alle Zutaten rasch zu einem gleichmäßigen Teig verkneten und zu einer Kugel formen. Den Teig in Frischhaltefolie wickeln und ca. 30 Minuten im Kühlschrank ruhen lassen.

Den Backofen auf 200 °C (Umluft 180 °C) vorheizen. Auf der leicht bemehlten Arbeitsfläche den Teig 3–4 mm dick ausrollen und mit Ausstechformen ca. 40 runde Plätzchen ausstechen.

Die Plätzchen auf mit Backpapier ausgelegte Backbleche legen und 8–10 Minuten backen. Auf einem Kuchengitter auskühlen lassen.

Die Hälfte der Plätzchen jeweils dünn mit Nuss-Nougat-Creme bestreichen und mit den anderen Plätzchen zusammensetzen. Die Schokolade im Wasserbad schmelzen, die Plätzchen zur Hälfte hineintauchen und auf einem Kuchengitter trocknen lassen.

Zubereitungszeit: ca. 30 Minuten
(plus Kühl- und Backzeit)
Pro Stück: ca. 129 kcal/542 kJ

Landfrauen-Tipp

Haselnusssträucher sind an lichten Wald- und Feldrändern zu finden und lieben es sonnig. Die Früchte reifen den Sommer über und fallen im September und Oktober reif vom Baum. Vorsicht, zu früh gepflückte Früchte können während der Lagerung schimmeln! Für eine gute Nussernte, so besagt eine bäuerliche Weisheit, muss der Sommer feucht und der Winter über einen längeren Zeitraum sehr kalt gewesen sein.

Zutaten

für ca. 25 Stück

Für den Teig
· *175 g Mehl*
· *1 Eigelb*
· *50 g feiner Zucker*
· *1 Prise Salz*
· *100 g weiche Butter*
· *40 g Joghurt*
· *1 Tl Zimt*

Außerdem
· *30 g Hagelzucker zum Bestreuen*
· *Mehl für die Arbeitsfläche*

Landfrauen-Tipp

Joghurt können Sie mit einfachen Mitteln – wie auf dem Land üblich – selbst herstellen. Kochen Sie dazu 500 ml Frischmilch ab und füllen Sie sie noch lauwarm in fest verschließbare Gläser. Geben Sie je Glas 1–2 EL fertigen Joghurt dazu und verschließen Sie die Gläser fest. Lassen Sie die Gläser gleichmäßig lauwarm temperiert etwa 6–8 Stunden stehen – fertig ist der Joghurt.

Joghurtschnecken

Das Mehl auf die Arbeitsfläche sieben und eine Mulde hineindrücken. Eigelb, Zucker, Salz und die weiche Butter in kleinen Stücken hineingeben. Den Joghurt dazugeben und alles rasch miteinander verkneten. Zur Kugel rollen und in Folie gewickelt mindestens 30 Minuten kühl stellen.

Den Teig auf einer bemehlten Arbeitsfläche rechteckig etwa 3 mm dick ausrollen. Zimt auf den Teig streuen. Den Teig von der Längsseite her aufrollen. Wieder in Folie wickeln und eine weitere Stunde kalt stellen.

Den Backofen auf 200 °C (Umluft 180 °C) vorheizen. Ein Backblech mit Backpapier belegen. Die Teigrolle in ca. 5 mm dicke Scheiben schneiden und diese auf das Backblech legen. Mit dem Hagelzucker bestreuen. Auf der mittleren Schiene ca. 15 Minuten backen. Herausnehmen und abkühlen lassen.

Zubereitungszeit: ca. 20 Minuten (plus Kühl- und Backzeit)
Pro Stück: ca. 73 kcal/309 kJ

Terrassenplätzchen

Das Mehl auf die Arbeitsfläche sieben und eine Mulde hineindrücken. Eigelb, Zucker, Salz und die weiche Butter in kleinen Stücken darin verteilen. Alle Zutaten rasch zu einem gleichmäßigen Teig verkneten und zu einer Kugel formen. Den Teig in Frischhaltefolie wickeln und ca. 30 Minuten im Kühlschrank ruhen lassen.

Den Backofen auf 200 °C (Umluft 180 °C) vorheizen. Auf der leicht bemehlten Arbeitsfläche den Teig ca. 3 mm dick ausrollen und mit Ausstechformen ungefähr jeweils 25 Plätzchen in unterschiedlichen Größen ausstechen.

Die Plätzchen auf mit Backpapier ausgelegte Backbleche legen und ca. 8 Minuten backen. Auf einem Kuchengitter ca. 15 Minuten auskühlen lassen.

Gelee in einem Topf glatt rühren, erwärmen und jeweils einen Klecks davon auf die Unterseiten der mittleren und kleinen Plätzchen geben. Je 3 Plätzchen zu Terrassen übereinandersetzen und mit Puderzucker bestäuben.

Zubereitungszeit: ca. 30 Minuten (plus Kühl- und Backzeit)
Pro Stück: ca. 61 kcal/256 kJ

Landfrauen-Tipp

Rote Johannisbeeren erntet die Landfrau im Juni und Juli, manchmal auch bis in den späten August hinein. Ist der Appetit angesichts der lockenden Fruchtrispen auch noch so groß: Die erfahrene Landfrau weiß, dass sie erst die prallen, leuchtend roten Früchte ernten darf! Johannisbeeren lassen sich zwar gut einfrieren, auf dem Land lässt man aber nicht verwendete Früchte einfach noch eine Weile am Strauch hängen: So bleiben wertvolle Inhaltsstoffe wie Vitamine und Mineralstoffe am besten erhalten.

Zutaten

für ca. 25 Plätzchen

Für den Teig
· *125 g Mehl*
· *1 Eigelb*
· *50 g feiner Zucker*
· *1 Prise Salz*
· *100 g weiche Butter*

Für die Füllung
· *40 g Johannisbeergelee*

Außerdem
· *Puderzucker zum Bestäuben*
· *Mehl für die Arbeitsfläche*

Zutaten

für ca. 75 Plätzchen

· *125 g Mehl*
· *1 Eigelb*
· *13 g feiner Zucker*
· *1 Prise Salz*
· *180 g weiche Butter*
· *1 Ei*
· *2 Päckchen Vanillezucker*
· *abgeriebene Schale von*
  1/2 unbehandelten Zitrone
· *150 g gehackte Cashewkerne*
· *150 g blütenzarte Haferflocken*

Haferflockentaler

Den Backofen auf 180 °C (Umluft 160 °C) vorheizen. Alle Zutaten in eine Schüssel geben und zu einem mürben Teig verkneten. Mit angefeuchteten Händen haselnussgroße Kugeln formen.

Die Teigkugeln auf mit Backpapier ausgelegte Backbleche legen, dabei die Kugeln nicht zu eng aneinanderlegen, da sie beim Backen noch verlaufen. Im Ofen etwa 8 Minuten backen und auf Kuchengittern abkühlen lassen.

Zubereitungszeit: ca. 20 Minuten (plus Backzeit)
Pro Stück: ca. 57 kcal/239 kJ

Landfrauen-Tipp

Welch hohen Stellenwert der Hafer für den Bauern und für die Ernährung hatte – und noch hat – belegt die Vielzahl der Bauernregeln, die sich um das Gedeihen des Getreides ranken, wie zum Beispiel: Nach Benedikt (21.3.) da achte wohl, dass man den Hafer säen soll. – Vor dem Johannistag (24.6.) man Gerst und Hafer nicht loben mag. – Ist Dreifaltigkeit (1. Sonntag nach Pfingsten) klar und hell, wächst der Hafer schnell.

Schoko-Leckerli

Das Mehl auf die Arbeitsfläche häufen und eine Mulde hineindrücken. Eigelb, Zucker, Salz und die weiche Butter in kleinen Stücken darin verteilen. Die Schokolade fein reiben und dazugeben. Alle Zutaten rasch zu einem gleichmäßigen Teig verkneten und zu einer Kugel formen. Den Teig in Frischhaltefolie wickeln und für ca. 30 Minuten im Kühlschrank ruhen lassen.

Unterdessen für die Füllung das Marzipan grob hacken und Schokolade fein reiben. Mit den Mandeln und dem Eiweiß mit dem Mixer zu einer glatten Masse pürieren.

Den Backofen auf 200 °C (Umluft 180 °C) vorheizen. Auf der leicht bemehlten Arbeitsfläche den Teig 3–4 mm dick ausrollen und daraus ca. 5 cm große Kreise ausstechen. Auf jeden Kreis 1 kirschgroße Kugel Marzipanmasse setzen und den Teig an drei Ecken darüber zusammenfalten.

Die Plätzchen auf mit Backpapier ausgelegte Backbleche legen, Eigelb und Milch miteinander verquirlen, die Plätzchen damit bestreichen und etwa 12 Minuten backen. Auf einem Kuchengitter auskühlen lassen.

Zubereitungszeit: ca. 40 Minuten (plus Kühl- und Backzeit)
Pro Stück: ca. 81 kcal/340 kJ

Zutaten

für ca. 40 Plätzchen

Für den Teig
· *125 g Mehl*
· *1 Eigelb*
· *50 g feiner Zucker*
· *1 Prise Salz*
· *100 g weiche Butter*
· *20 g dunkle Schokolade*

Für die Füllung
· *30 g dunkle Schokolade*
· *30 g gehackte Mandeln*
· *160 g Marzipanrohmasse*
· *1 Eiweiß*

Außerdem
· *1 Eigelb zum Bestreichen*
· *1 El Milch zum Bestreichen*
· *Mehl für die Arbeitsfläche*

Marmeladen & Eingemachtes nach Landfrauenart

In den Küchen der Landfrauen ist es heute wie seit alters her gute Tradition, in den Sommermonaten mit den Erträgen von Garten und Feld den Vorratsschrank für den Winter zu füllen, um Groß und Klein in der kalten Jahreszeit mit den selbst gemachten Köstlichkeiten zu verwöhnen.

In diesem Kapitel finden Sie aus dem umfangreichen kulinarischen Repertoire erfahrener Landfrauen die schönsten Rezepte für Marmeladen und Eingemachtes. Ob fruchtige Erdbeer-Rhabarber-Marmelade, pikant eingelegter Ziegenkäse mit Kräutern oder zartroter Basilikumessig – alle Rezepte sind wohlerprobt und wurden zum Teil seit Generationen überliefert.

Zutaten

für ca. 4–5 Gläser (à 250 ml)

· *1 kg Brombeeren*
· *500 g Gelierzucker (2:1)*

Marmeladen & Konfitüren

Brombeermarmelade nach Großmutters Art

Die Brombeeren verlesen.

Den Zucker mit 40 ml Wasser zu einem dicken, klaren Sirup aufkochen und abschäumen. Die Beeren zugeben und unter häufigem Rühren circa 30 Minuten kochen lassen. Die Marmelade nach der Gelierprobe zügig in heiß ausgespülte Gläser füllen und diese sofort verschließen.

Tipp: Geben Sie der Marmelade nach dem Kochvorgang einen halben Esslöffel getrockneten Rosmarin hinzu. Der Rosmarin verleiht dem Fruchtaufstrich eine feine, würzige Note.

Zubereitungszeit: ca. 10 Minuten (plus 30 Minuten Kochzeit)

Landfrauen-Tipp

Um sicherzugehen, dass die Marmelade nach dem Abkühlen in den Gläsern fest genug ist, sollten Sie stets eine Gelierprobe machen. Geben Sie dazu von der heißen Marmelade ein bis zwei Teelöffel auf einen kalten Teller. Wird die Gelierprobe beim Abkühlen dicklich und bildet sich eine feine Haut, ist die Marmelade fertig.

Erdbeer-Rhabarber-Marmelade

Die Erdbeeren waschen, putzen und halbieren. Mit dem Gelierzucker in einer Schüssel vermischen und mit dem Handmixer pürieren. Den Rhabarber waschen, Blätter und Stielansätze abschneiden, schälen und in kleine Stücke schneiden. Die Rhabarberstücke mit dem Zitronensaft unter das Erdbeerpüree mischen.

Das Ganze in einem Topf zum Kochen bringen. Die Erdbeer-Rhabarber-Marmelade unter Rühren circa 3 Minuten sprudelnd kochen lassen und den aufsteigenden Schaum abschöpfen. Die Marmelade zügig in heiß ausgespülte Gläser füllen. Diese sofort verschließen und circa 5 Minuten auf den Kopf stellen.

Zubereitungszeit: ca. 35 Minuten (plus 3 Minuten Kochzeit)

Landfrauen-Tipp

Vergessen Sie nicht, Ihre Marmeladengläser nach dem Abkühlen mit Datum und Obstsorte zu beschriften. Verwahren Sie die Gläser an einem kühlen und nicht zu hellen Ort auf und kontrollieren Sie sie hin und wieder auf Schimmelbefall. Legen Sie am besten nur so viele süße Vorräte an, dass Sie damit „über den Winter kommen". Richtig verschlossen bleibt der Genuss im Glas zwar so gut wie unbegrenzt haltbar, aber je länger Sie die Marmelade aufbewahren, desto mehr verliert sie an Aroma.

Zutaten

für ca. 4–5 Gläser (à 250 ml)

- 750 g Erdbeeren (geputzt gewogen)
- 500 g Gelierzucker (2:1)
- 250 g Rhabarber
- Saft von 1/2 Zitrone

Zutaten

für ca. 4–5 Gläser (à 250 ml)

· *1 kg gemischte Beeren*
  (Brombeeren, Heidelbeeren, Schwarze Johannis-
  beeren, dunkle Kirschen, entsteint, gewogen)
· *1 El Zucker*
· *2 Vanillestangen*
· *50 g Walnusskerne*
· *1 kg Gelierzucker (1:1)*
· *Saft von 1 Zitrone*

Landfrauen-Tipp

Verwenden Sie zum Kochen von Marmeladen,
Konfitüren und Gelees einen möglichst hohen Topf
und achten Sie darauf, dass Sie ihn nur maximal
bis zur Hälfte mit Früchten füllen, da die
Obstmasse schnell überkochen kann.

Waldbeerenkonfitüre mit Walnüssen

Die Beeren waschen, abtropfen lassen und verlesen. Die Hälfte der Beeren mit dem Zucker bestreuen und etwa 1 Stunde stehen lassen. Anschließend in einem Topf bei kleiner Hitze zu einem Mus kochen lassen. Die Vanillestangen längs halbieren und das Vanillemark mit einem Messer auskratzen. Das Vanillemark beiseite stellen. Die Walnusskerne in kleine Stücke hacken und ebenfalls beiseite stellen.

Das Mus mit den restlichen Beeren, Gelierzucker und Zitronensaft in einem Topf zum Kochen bringen und etwa 4 Minuten unter ständigem Rühren kochen lassen. Den aufsteigenden Schaum mit einer Schöpfkelle abschöpfen. Vor Ende der Kochzeit Vanillemark und Walnüsse unterrühren. Den Topf von der Herdplatte ziehen und die Konfitüre nach der Gelierprobe in die heiß ausgespülten Gläser füllen. Diese sofort verschließen und 5 Minuten auf den Kopf stellen.

Zubereitungszeit: ca. 40 Minuten (plus 4 Minuten Kochzeit)

Zwetschgenkonfitüre

Die Zwetschgen waschen, abtropfen lassen, verlesen, entsteinen und in kleine Stücke schneiden. Die Hälfte der Zwetschgen mit dem Zucker bestreuen und etwa 1 Stunde stehen lassen. Anschließend in einem Topf bei kleiner Hitze zu einem Mus kochen lassen. Die Vanillestangen längs halbieren und das Vanillemark mit einem Messer auskratzen. Das Vanillemark beiseite stellen.

Das Mus mit den restlichen Zwetschgen, Gelierzucker und Zitronensaft in einem Topf zum Kochen bringen und etwa 4 Minuten unter ständigem Rühren kochen lassen. Den aufsteigenden Schaum mit einer Schöpfkelle abschöpfen. Vor Ende der Kochzeit das Vanillemark unterrühren. Den Topf von der Herdplatte ziehen und die Konfitüre nach der Gelierprobe zügig in die heiß ausgespülten Gläser füllen. Diese sofort verschließen und 5 Minuten auf den Kopf stellen.

Zubereitungszeit: ca. 30 Minuten (plus 15 Minuten Kochzeit)

Zutaten

für ca. 4 Gläser (à 250 ml)

· *1 kg Zwetschgen (entsteint gewogen)*
· *1 El Zucker*
· *2 Vanillestangen*
· *1 kg Gelierzucker (1:1)*
· *Saft von 1 Zitrone*

Landfrauen-Tipp

Die optimale Reife von Zwetschgen erkennen Sie daran, dass sie auf Druck leicht nachgeben, aber nicht matschig sind. Unreife Früchte reifen bei Zimmertemperatur nach. Wenn Sie die Haut der Zwetschgen in der Konfitüre nicht mögen, übergießen Sie die Zwetschgen zunächst mit kochendem Wasser und lassen Sie sie danach einige Minuten zugedeckt stehen. Anschließend können Sie die Haut gut abziehen.

Zutaten

für ca. 4 Gläser (à 250 ml)

· *900 g Äpfel (geputzt gewogen)*
· *Saft von 1 Zitrone*
· *500 g Gelierzucker (2:1)*
· *100 g Rosinen*
· *1 Msp. Zimt (Menge nach Geschmack)*

Landfrauen-Tipp

Mit seinem hohen Anteil an Vitamin C trägt der erfrischend saure Zitronensaft im Winter optimal dazu bei, die Abwehrkräfte zu stärken. Wenn Sie ihn während des Einkochens zu den Äpfeln geben, bleiben diese außerdem schön weiß.

Wintermarmelade

Die Äpfel waschen, schälen, entkernen und in kleine Stücke schneiden.

Die Apfelstücke mit Zitronensaft und Gelierzucker in einem großen Topf mischen und zum Kochen bringen. Die Rosinen dazugeben und unter Rühren circa 4 Minuten sprudelnd kochen lassen. Den Topf von der Herdplatte ziehen und den Zimt unterrühren. Die Marmelade nach der Gelierprobe zügig in heiß ausgespülte Gläser füllen. Diese sofort verschließen und 5 Minuten auf den Kopf stellen.

Tipp: Auch Kardamom und Nelken verleihen dieser Marmelade eine köstliche Winternote.

Zubereitungszeit: ca. 10 Minuten (plus 4 Minuten Kochzeit)

	1	2	3	4	5	6	7	8	9	10	11	12
Äpfel	1	2	3	4	5	6	7	8	9	10	11	12

von August bis Oktober, aber auch in der übrigen Jahreszeit, allerdings nicht alle Sorten

	1	2	3	4	5	6	7	8	9	10	11	12
Aprikosen	1	2	3	4	5	6	7	8	9	10	11	12

von Juli bis August

	1	2	3	4	5	6	7	8	9	10	11	12
Birnen	1	2	3	4	5	6	7	8	9	10	11	12

von August bis Oktober, aber auch in der übrigen Jahreszeit, allerdings nicht alle Sorten

	1	2	3	4	5	6	7	8	9	10	11	12
Brombeeren	1	2	3	4	5	6	7	8	9	10	11	12

von Juli bis Oktober

	1	2	3	4	5	6	7	8	9	10	11	12
Erdbeeren	1	2	3	4	5	6	7	8	9	10	11	12

von Mai bis Juli

	1	2	3	4	5	6	7	8	9	10	11	12
Hagebutten	1	2	3	4	5	6	7	8	9	10	11	12

von September bis November

	1	2	3	4	5	6	7	8	9	10	11	12
Heidelbeeren	1	2	3	4	5	6	7	8	9	10	11	12

von Juli bis September

	1	2	3	4	5	6	7	8	9	10	11	12
Himbeeren	1	2	3	4	5	6	7	8	9	10	11	12

von Juni bis September

	1	2	3	4	5	6	7	8	9	10	11	12
Holunderbeeren	1	2	3	4	5	6	7	8	9	10	11	12

im September

	1	2	3	4	5	6	7	8	9	10	11	12
Johannisbeeren	1	2	3	4	5	6	7	8	9	10	11	12

von Juni bis August

Kirschen (sauer)	1	2	3	4	5	6	7	8	9	10	11	12
						von Juli bis August						
Kirschen (süß)	1	2	3	4	5	6	7	8	9	10	11	12
						von Juni bis Juli						
Mirabellen	1	2	3	4	5	6	7	8	9	10	11	12
						von Juli bis September						
Pfirsiche	1	2	3	4	5	6	7	8	9	10	11	12
						im August						
Pflaumen	1	2	3	4	5	6	7	8	9	10	11	12
						von Juli bis September						
Preiselbeeren	1	2	3	4	5	6	7	8	9	10	11	12
						von August bis September						
Quitten	1	2	3	4	5	6	7	8	9	10	11	12
						von September bis November						
Sanddornbeeren	1	2	3	4	5	6	7	8	9	10	11	12
						von September bis Dezember						
Schlehen	1	2	3	4	5	6	7	8	9	10	11	12
						von Oktober bis November						
Stachelbeeren	1	2	3	4	5	6	7	8	9	10	11	12
						von Juni bis August						

Zutaten

für 4 Gläser (à 600 ml)

· *2 Köpfe Rotkohl (ca. 2 kg)*
· *2 Zwiebeln*
· *3 Äpfel*
· *100 g Zucker*
· *80 g Preiselbeeren aus dem Glas*
· *2 Nelken*
· *330 ml Rotweinessig, 170 ml Rotwein*
· *1 Prise Zimt*
· *Salz, frisch gemahlener Pfeffer*

*Zubereitungszeit: ca. 25 Minuten
(plus Zieh- und Kochzeit)
Haltbarkeit: ca. 1 Jahr*

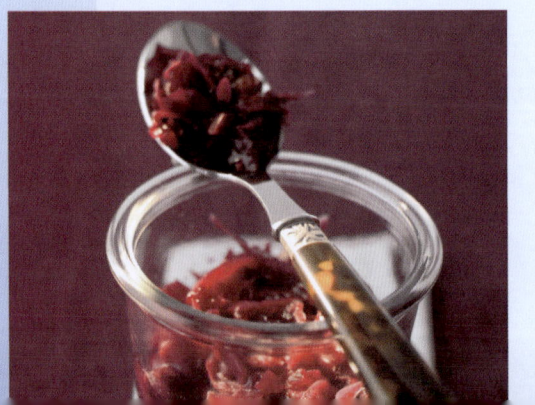

Eingemachtes, Eingelegtes & Co.

Feiertagsrotkohl

Den Rotkohl putzen, vom Strunk befreien und in feine Streifen schneiden, hobeln oder in der Küchenmaschine häckseln. Die Zwiebeln schälen und fein hacken, die Äpfel schälen, reiben und mit den übrigen Zutaten – außer dem Rotkohl – in einer großen Schüssel vermengen. Den Rotkohl dazugeben, alles ordentlich vermischen und mindestens 1 Stunde, am besten aber über Nacht, durchziehen lassen.

In einem Topf den Rotkohl mit der Marinade etwa 1 Stunde kochen lassen und noch einmal mit Salz und Pfeffer, gegebenenfalls mit etwas Zucker abschmecken. Die Gläser vorbereiten. Die Gewürznelken herausnehmen, den Kohl ein letztes Mal aufkochen lassen und heiß in die zuvor vorbereiteten Gläser füllen.

Gläser verschließen und den Rotkohl im Ofen oder Topf bei 95 °C 2 Stunden einkochen.

Senfbirnen

Die Birnen schälen, dabei die Stiele aber nicht entfernen. Den Blütenansatz mit einem Messer entfernen.

Das Senfpulver in die Teefilter füllen und diese gut verschließen. Zucker mit Essig in einem Topf zum Kochen bringen und die Birnen und die Senfbeutel in den Sud legen. Zugedeckt 20–30 Minuten bei schwacher Hitze kochen. Wenn man die Birnen sehr leicht mit einem Metallstäbchen durchstechen kann, sind sie gar. Die Gläser vorbereiten.

Die Birnen aus dem Sud nehmen und in die vorbereiteten Gläser füllen. Die Beutel mit dem Senfpulver entfernen, den Sud noch einmal aufkochen lassen und die Birnen damit übergießen. Die Gläser verschließen und 5 Minuten auf den Kopf stellen.

Zubereitungszeit: ca. 20 Minuten (plus Koch- und Ziehzeit)
Haltbarkeit: ca. 6 Monate

Zutaten

für 2 Gläser mit Schraubverschluss (à 500 ml)

- 1 kg kleine Birnen
  (z. B. Williams Christ oder Spadone)
- 4 El Senfpulver
- 800 g Zucker
- 800 ml Weißweinessig
- 2 Papierteefilter mit Metallklammern

211

Zutaten

für 4 Gläser mit Schraubverschluss (à 750 ml)

- *2 kg Gurken (6 – 7 cm lang)*
- *160 g Salz*
- *800 ml Kräuteressig*
- *2 1/2 El Salz*
- *320 g Zucker*
- *1 Päckchen Einmachhilfe*
- *4 Zwiebeln*
- *8 Pimentkörner*
- *20 Pfefferkörner*
- *4 El Senfkörner*
- *8 Wacholderbeeren*
- *4 Lorbeerblätter*
- *1 Bund frischer Dill*

Klassische Gewürzgurken

Gurken gut waschen und in eine große Schüssel geben. Mit dem Salz bestreuen und so viel Wasser zugeben, dass die Gurken bedeckt sind. Über Nacht ziehen lassen. Am nächsten Tag die Gurken unter fließend kaltem Wasser abspülen und abtropfen lassen. Die Gläser vorbereiten.

Den Essig mit 1,2 l Wasser, Salz, Zucker und der Einmachhilfe zum Kochen bringen und 10 Minuten abgedeckt köcheln lassen. Die Zwiebeln schälen und in feine Ringe schneiden. Die Gurken hochkant auf die Gläser verteilen, Zwiebelringe, Gewürze und Kräuter dazwischenstecken und mit dem sehr heißen Essigsud übergießen.

Die Gläser sofort fest verschrauben und 5 Minuten auf den Deckel stellen. Vor dem Verzehr etwa 2–3 Wochen durchziehen lassen.

Zubereitungszeit: ca. 30 Minuten (plus Koch- und Ziehzeit)
Haltbarkeit: ca. 8 Monate

Eingelegte Rote Bete

Rote Bete waschen, in einem Topf mit heißem Wasser bedecken und zum Kochen bringen. Im geschlossenen Topf bei mittlerer Hitze etwa 45 Minuten kochen, abgießen, leicht abkühlen lassen und unter fließendem Wasser schälen (am besten mit Handschuhen, da sie stark färben). Die Knollen in 1,5 cm breite Spalten schneiden. Die Gläser vorbereiten.

Die Zwiebeln schälen, halbieren und in feine Scheiben schneiden. Ingwer schälen und ebenfalls in dünne Scheiben schneiden. Essig und Brühe in einem Topf mischen, Zwiebeln, Ingwer, Salz, Zucker und Rote Bete hineingeben und zum Kochen bringen. 2 Minuten köcheln lassen, dann in die vorbereiteten Gläser abfüllen und diese sofort fest verschließen. Mindestens 10 Tage ziehen lassen.

Zubereitungszeit: ca. 20 Minuten (plus Koch- und Ziehzeit)
Haltbarkeit: ca. 3 Monate

Zutaten

für 4 Gläser mit Schraubverschluss (à 350 ml)

- *1 kg kleine, gleich große Rote-Bete-Knollen*
- *200 g Zwiebeln*
- *40 g frischer Ingwer*
- *400 ml Weißweinessig*
- *600 ml Gemüsebrühe*
- *1 1/2 El Salz*
- *5 El Zucker*

Eingelegter Ziegenkäse mit Kräutern

Thymian und Rosmarin waschen, trocken tupfen und zerteilen. Den Ziegenkäse in Stücke schneiden und auf 2 sterile Gläser verteilen.

Pfefferkörner, Lorbeerblätter und Kräuter ebenfalls in die Gläser geben und alles mit Olivenöl auffüllen. Dabei mit einem Holzstäbchen dafür sorgen, dass keine Luftzwischenräume in den Gläsern bestehen bleiben.

Zubereitungszeit: ca. 15 Minuten
Haltbarkeit: ca. 2 Monate

Zutaten

für 2 Gläser (à 250 ml)

· *5 Zweige Thymian*
· *3 Zweige Rosmarin*
· *300 g ganz frischer Ziegenkäse*
· *12 schwarze Pfefferkörner*
· *4 getrocknete Lorbeerblätter*
· *250 ml bestes fruchtiges Olivenöl*

Landfrauen-Tipp

Vor dem Verzehr sollte der eingelegte Käse mindestens eine Woche ziehen.

Zartroter Basilikumessig

Die Basilikumblättchen von den Stängeln zupfen, die Blätter waschen und trocken schütteln. Nicht ganz einwandfreie Blättchen entfernen. Das Basilikum in einem Mörser leicht zerreiben, dann in ein großes, steriles Gefäß geben. Mit dem Cidreessig auffüllen und das Gefäß verschließen. An einem sonnigen Ort (z. B. auf der Fensterbank) ca. 10 Tage stehen lassen, bis der Essig eine schöne zart-rote Färbung angenommen hat.

Nach Ablauf der Ziehzeit den Essig durch ein Mulltuch und einen Trichter in sterile Flaschen füllen und diese gut verschließen. Die Flaschen an einem kühlen und dunklen Ort aufbewahren.

Zubereitungszeit: ca. 20 Minuten (plus Ziehzeit)
Haltbarkeit: ca. 1 Jahr

Zutaten

für 2 Flaschen (à 500 ml)

· *1 Bund grünes Basilikum*
· *1 Bund rotes Basilikum*
· *900 ml Cidreessig (ersatzweise Weißweinessig)*

215

Zutaten

für 2 Flaschen (à 750 ml)

- 10 Eier
- 2 Päckchen Vanillezucker
- 500 g Puderzucker
- 250 ml Sahne
- 500 ml hochprozentiger Rum

Zubereitungszeit: ca. 30 Minuten
Haltbarkeit: ca. 3 Monate

Eierlikör

Die Eier trennen, das Eiweiß anderweitig verwenden (z. B. für Baisers). Das Eigelb mit Vanillezucker und Puderzucker im Wasserbad cremig aufschlagen. Dabei darauf achten, dass die Masse nicht zu heiß wird.

Nach 4 Minuten die Sahne dazugeben und weitere 5 Minuten rühren. Alles aus dem Wasserbad nehmen und den Rum unterrühren. Den Likör mithilfe eines Trichters in sterile Flaschen füllen und diese gut verschließen. Kühl lagern.

Landfrauen-Tipp

Verwenden Sie für den selbst angerührten
Eierlikör nur ganz frische Eier!
Angebrochene Flaschen sollten Sie innerhalb
von 4 Wochen aufbrauchen.

Wildbeerensauce

Die Vogelbeeren von den Stielen streifen und gründlich waschen. In einen Topf geben, den Zitronensaft dazugeben und mit Wasser bedecken. Zum Kochen bringen und bei niedriger Hitze 15 Minuten köcheln lassen.

Die Hagebutten waschen, Stiele und Blütenansätze abschneiden, die Hagebutten halbieren und entkernen. Noch einmal waschen. In den Topf zu den Vogelbeeren geben, gegebenenfalls etwas Wasser hinzufügen und weitere 30 Minuten köcheln lassen. Die Gläser vorbereiten.

Die Beerenmasse durch ein Sieb passieren, in den Topf zurückgeben und das Sanddornmark einrühren. Erneut etwa 1 Minute aufkochen lassen. Dann den Honig unterrühren und die Sauce in die sterilisierten Gläser füllen. Fest verschließen und 5 Minuten auf den Kopf stellen.

Zubereitungszeit: ca. 30 Minuten (plus Kochzeit)
Haltbarkeit: ca. 3–4 Monate

Zutaten

für 4 Gläser mit Schraubverschluss (à 200 ml)

- *330 g Vogelbeeren*
- *Saft von 1 Zitrone*
- *330 g Hagebutten*
- *200 g ungesüßtes Sanddornmark*
- *5 El Honig*

Zutaten

für 2 Fläschchen (à 250 ml)

- 1 großer Granatapfel
- 250 ml Cidreessig (ersatzweise Weißweinessig)
- 1 Glas mit 500 ml Füllmenge

Granatapfelessig

Den Granatapfel waschen, halbieren und die Kerne herausdrücken. Dabei die weißen Trennhäutchen entfernen. Es sollte ca. 1 Tasse voll Granatapfelkerne ergeben. Die Kerne in ein sterilisiertes Glas geben, mit Essig auffüllen und das Glas verschließen. An einem sonnigen Ort ca. 10 Tage ziehen lassen, bis der Essig schön rot gefärbt ist und ein wunderbares Aroma hat.

Nach Ablauf der Ziehzeit den Essig mithilfe eines Trichters durch ein Mulltuch in sterilisierte Fläschchen umfüllen und diese fest verschließen. Die Fläschchen kühl und dunkel lagern.

Zubereitungszeit: ca. 10 Minuten
Haltbarkeit: ca. 6 Monate

Landfrauen-Tipp

Granatapfel-Flecken sind besonders hartnäckig. Füllen Sie eine große Schüssel mit kaltem Wasser und drücken Sie die Kerne aus der halbierten Frucht unter Wasser heraus. So vermeiden Sie Spritzer auf Kleidung und Möbeln.

Apfel-Birnen-Grütze

Die Äpfel und Birnen waschen, schälen, entkernen und grob würfeln. Jeweils 350 g abwiegen. Die Gläser vorbereiten.

Alle Zutaten in einem Kochtopf gut verrühren. Bei starker Hitze unter Rühren zum Kochen bringen und 3 Minuten sprudelnd kochen. Dabei fortwährend umrühren.

Die Fruchtgrütze in die sterilisierten Gläser füllen, verschließen und 5 Minuten auf den Kopf stellen.

Zubereitungszeit: ca. 30 Minuten
Haltbarkeit: ca. 6 Monate

Zutaten

für 4 Gläser mit Schraubverschluss (à 250 ml)

- 350 g Äpfel (vorbereitet gewogen)
- 350 g Birnen (vorbereitet gewogen)
- 200 ml Apfelsaft
- 50 g Rosinen
- 50 g gehackte Mandeln
- 1/2 Tl Zimt
- 1 Prise Kardamom
- 250 g Gelierzucker (2:1)

Gesundheit & Schönheit

Die Heilkraft der Natur

Gut ist, was hilft. Und was hilft, bei den kleineren und größeren Wehwehchen, die Junge wie Alte tagtäglich plagen können, davon hatte niemand mehr Ahnung als unsere Vorfahrinnen auf dem Land. Wir Heutigen sind es gewohnt, bei Bedarf Medikamente in der Apotheke um die Ecke zu kaufen. Ein gut funktionierendes medizinisches Versorgungsnetz ist für uns selbstverständlich – ebenso der Gang zum Arzt, wenn es irgendwo zwickt oder zwackt. Von solcherlei Rundumversorgung konnte noch vor hundert Jahren keine Rede sein.

Gerade in den ländlichen Regionen und den kleinen Dörfern waren Apotheken noch bis weit ins 20. Jahrhundert hinein dünn gesät. Und zum Arzt ging man nur, wenn wirklich „Not am Mann" oder an der Frau war – und alle Hausmittel versagt hatten. Keine Frage: Das gebrochene Bein des kleinen Wildfangs musste fachmännisch eingegipst werden, und die klaffende Wunde nach dem

Sturz von der Schaukel bedurfte einiger Nähstiche unter leichter Narkose. Aber für Husten oder Schnupfen, Fieber oder Hautjucken vertrauten die Frauen auf dem Land auf die heilenden Kräfte dessen, was ihnen in Küche und Garten und aus Feld und Flur zur Verfügung stand. Sie waren medizinische Autodidakten: Aber die vielfältigen Heilerfolge gaben ihren Bemühungen – und ihrem Erfahrungswissen – recht: Gut ist, was hilft.

Die Rückbesinnung auf die Natur und deren heilende Kräfte und die neue Wertschätzung für Produkte, die natürlich und naturbelassen sind, hat unsere Aufmerksamkeit auf das Erfahrungswissen der Landfrauen zurückgelenkt. Dass die Errungenschaften der Pharmazie und Medizin nicht nur Wirkungen zeigen, sondern häufig auch Nebenwirkungen haben, dass die

Belastung des Körpers durch Medikamente hoch, die Heilerfolge aber längst nicht immer befriedigend sind, hat zu diesem heilsamen Umdenken und Neuorientieren geführt.

Muss es denn immer gleich ein Antibiotikum sein, wenn der Hals leicht entzündet ist, oder ein dickes Schmerzmittel gegen den leichten Kopfschmerz? Was haben unsere Mütter oder Großmütter eigentlich getan, wenn sie uns und unsere Kinderkrankheiten zu kurieren versuchten? Erinnern wir uns: an die Wadenwickel bei Fieber und den Kamillentee bei Bauchweh, an die erhitzten und in ein Tuch gepackten Pellkartoffeln oder Zwiebelwürfel, die unsere Ohrenschmerzen linderten, oder auch an den Salzbrei, mit dem dem Wespenstich zu Leibe gerückt wurde.

Auch in Sachen Schönheit waren unsere Ahninnen ausgesprochen erfinderisch: Lange bevor eine ganze Industrie mit Packungen und Tönungen, Spezialshampoos und Haarwässerchen sowie Hautcremes und Kosmetika das schöne Geschlecht zu umwerben begann, vertrauten sie auf die Segnungen ihrer eigenen Spezialmethoden – und fuhren damit keineswegs schlecht.

Im Gesundheitsbereich wie bei Küchen- oder Gartenthemen auch fällt das Wissen der Landfrauen überwiegend in den Bereich des von Generation zu Generation mündlich überlieferten Erfahrungsschatzes. Das Wissen um die Heilkraft von Kräutern und die vielen ebenso praktischen wie nützlichen Hausmittel wurde in aller Regel nicht theoretisch aus Büchern oder Zeitschriften entnommen. Vielmehr gehörte es zum tradierten „Haus"-Schatz, den die Frauen hüteten und den sie in gelebter Praxis an die jeweils nachrückende Frauengeneration weitergaben. Das erklärt, weshalb der „Schatz" an alten und heute neu zu entdeckenden Tipps und Rezepten so gewaltig groß ist. Und es erklärt auch, weshalb so viele Hausmittel und -rezepte in tausendundeiner Abwandlung überliefert sind: Jede Familie schwor auf ihre eigene und selbstverständlich unübertreffliche „Spezial"-Version.

Die Frage, welche kluge Landfrau wohl zum ersten Mal auf die Idee gekommen ist, Ohrenschmerzen mit einer gestampften heißen Pellkartoffel oder unreine Haut mit Kaffeesatz zu behandeln, wird sich so ohne Weiteres wohl nicht mehr klären lassen. Einfacher ist es da mit dem Wissen um die Heilkraft von Pflanzen und Kräutern: Hier waren es vielfach schon im ausgehenden Mittelalter kluge Ordensfrauen – man denke nur an Hildegard von Bingen –, die in ihren Klostergärten und -Laboratorien eine Unmenge an heilkundlichem Wissen zusammengetragen hatten. Dieses Wissen breitete sich von den Klöstern im Lauf der Jahrhunderte immer weiter aus und wurde Gemeingut. Bei den Frauen auf dem Land fiel es auf besonders fruchtbaren Boden, ergänzte es doch, was sie selbst an Erfahrungswissen im Umgang mit Wild- und Gartenkräutern oder Pflanzen aus der Natur erworben hatten.

Es ist somit ein Schatz aus Jahrhunderten, den wir heute wieder heben, wenn wir neuerlich auf das Gesundheits- und Schönheitswissen der Landfrauen zurückgreifen. Er kann und wird sicherlich nicht medizinische, pharmazeutische oder kosmetische Behandlungsmöglichkeiten verdrängen oder ersetzen. Aber er kann ergänzen, sinnvoll begleiten und vielleicht im einen oder anderen Fall sogar überraschend bessere Wirkungen zeigen als so manches moderne Produkt. Einen Versuch ist das Heilwissen der Landfrauen immer wert – denn das Schöne daran ist: Schaden tut es eigentlich nie!

Altbewährte Heilmittel

Erkältungen

Um einer Erkältung vorzubeugen, haben sich tägliche Wechselduschen, genügend Bewegung und viel Obst und Gemüse auf dem Speiseplan bewährt.

Spüren Sie, dass eine Erkältung im Anzug ist, mischen Sie Honig in heißen Tee und trinken Sie morgens und abends eine Tasse. Honig stärkt und steigert die körpereigenen Abwehrkräfte.

Wenn bei Ihnen Husten und Schnupfen zusammen auftreten, dann ist völlige Nahrungsenthaltung von bester Wirkung. Dies gilt natürlich nur über einen geringen Zeitraum.

Gut gegen eine Erkältung ist Schwitzen. Trinken Sie deshalb heiße Milch mit Selterswasser. Das ist ein überaus schweißtreibendes Getränk.

Sind Sie während einer Erkältung stark verschleimt, dann ziehen Sie abwechselnd eine Zwiebel und eine Knoblauchzehe auf eine Schnur und tragen Sie diese um den Hals. Das wirkt schleimlösend.

Husten

Süßen Sie Fencheltee mit Honig und trinken Sie so viel Tee wie möglich, das lindert Husten.

Höhlen Sie eine Zwiebel aus, schütten Sie Zucker hinein und lassen Sie den Saft ziehen. Von diesem Hustensaft nehmen Sie stündlich einen Teelöffel. Bei Bedarf können Sie Zucker nachfüllen.

Gegen Husten hilft auch, über Nacht einen mit Schmalz bestochenen Lappen auf die Brust zu legen.

Frische Brennnesseln mit kochendem Wasser überziehen und täglich drei Tassen von diesem Tee trinken.

Landfrauen-Tipp

Bei Halsschmerzen und Heiserkeit sind im Winter Bratäpfel ein bewährtes Hausmittel, mit dem Sie Ihren Lieben zugleich eine leckere Freude bereiten. Als „Dosis" sind drei Bratäpfel am Tag empfehlenswert, die – mit etwas Honig übergossen – im Backofen zubereitet und lauwarm gegessen werden. Am besten für Bratäpfel geeignet ist der lagerfähige, säuerliche Boskop. Bereits zwei der ballaststoffreichen Früchte decken den Tagesbedarf an Vitamin C.

Fieber

Gegen Fieber und fiebrige Erkältungen hilft Brombeersaft. Hilfreich ist auch ein kühler Wadenwickel mit verdünntem Essigwasser.

Tauchen Sie Socken in kühles Essigwasser und ziehen Sie sie anschließend an. Tragen Sie über Nacht eine Kette aus Rettichscheiben. Das hilft, das Fieber zu senken.

Behandeln Sie Fieber nicht vorschnell. Denn durch Fieber werden die körpereigenen Abwehrkräfte zu schnellerem Handeln gebracht und das ist die natürliche Methode des Körpers, eine Krankheit zu kurieren.

Verdauungsprobleme

Trinken Sie viel während der Mahlzeiten? Das wirkt verdauungshemmend. Essen Sie nach jeder Mahlzeit ein Stück frische Ananas. Deren Enzyme wirken wahre Wunder bei Verdauungsbeschwerden.

Wenn Sie unter Verstopfung leiden, nehmen Sie morgens und abends einen Teelöffel Olivenöl zu sich.

Wirksam ist auch ein Fußbad in einer Wasser-, Salz- und Apfelessiglösung.

Ein anderes natürliches Mittel zur Verdauungsförderung sind Backpflaumen. Über Nacht eingeweicht und morgens zum Frühstück verzehrt, regulieren sie gut die Verdauung.

Kopfschmerzen

Wenn Sie unter Kopfschmerzen leiden, dann sollten Sie in Ihren Kaffee einen Schuss Zitronensaft geben. Damit können Sie die Schmerzen lindern.

Landfrauen-Tipp

Zitronen-Kaffee als Kopfschmerzstopper kann vor allem dann wahre Wunder wirken, wenn Sie Kaffee nur gelegentlich oder in kleinen Mengen trinken. Wenn Sie einen empfindlichen Magen haben, sollten Sie auf den Koffein-Zitrus-Mix allerdings besser verzichten. Bei leichten Kopfschmerzen hilft vielen bereits die „Sauerstoffdusche", die ein Spaziergang an der frischen Luft beschert.

Ohrenschmerzen

Bei leichtem Ohrensausen heiße Umschläge umlegen. Sorgen Sie ganz allgemein für ausreichend Entspannung. Bei längerem Ohrensausen sollten Sie einen Arzt zu Rate ziehen.

Ohrenschmerzen lindert man durch Kamillendämpfe oder Leinsamenwickel. Wärme hilft bei Ohrenschmerzen. Tragen Sie so lange eine wollene Mütze über dem schmerzenden Ohr, bis die Schmerzen nachlassen.

Kochen Sie eine Pellkartoffel und wickeln Sie diese leicht zerdrückt in ein Leinentuch, das Sie auf das Ohr legen.

Halsschmerzen

Gegen Halsschmerzen hilft am besten heiße Milch mit Honig. Gurgeln Sie mit Salbeitee oder warmem Salzwasser. Auch das wirkt manchmal Wunder.

Erfolg versprechend ist auch ein kalter Umschlag mit Quark. Bestreichen Sie ein Leintuch dünn mit Quark und falten Sie eine Lage Tuch darüber. Legen Sie den Wickel leicht angewärmt um den Hals. Darüber einen Wollschal wickeln und ausruhen.

Mandelentzündung

Bei einer Mandelentzündung kann das Gurgeln mit Kamillentee schmerzlindernd sein. Angenehme Kühlung bringt auch das Essen von Speiseeis.

Magenschmerzen

Wenn Sie Schwierigkeiten mit dem Magen haben, dann trinken Sie ungesüßten Kamillentee oder Cola.

Haferflocken helfen gegen Magendrücken. Salzstangen versprechen bei Magenbeschwerden ebenfalls Linderung. Ein Kartoffelumschlag hilft bei Magenverstimmungen.

Statt eines Abendessens sollten Sie bei einer leichten Magenverstimmung lediglich Walnüsse zu sich nehmen und diese sehr gut kauen, bevor Sie sie hinunterschlucken.

Landfrauen-Tipp

Als gutes Hausmittel bei Magen-Darm-Erkrankungen haben sich Haferflockensuppe oder Haferbrei bewährt. Für eine Portion Haferbrei kochen Sie 20 Gramm Haferflocken mit einem halben Liter Wasser und einer Prise Salz kurz auf und lassen das Ganze 15 Minuten auf der warmen Herdplatte ziehen. Eine kleine Prise Zimt verbessert den Geschmack. Die Haferflocken sollen nicht mit Milch aufgekocht werden, da diese die heilende Wirkung von Hafer beeinträchtigt.

Sodbrennen

Wenn Sie unter Sodbrennen leiden, trinken Sie viel Milch. Essen Sie möglichst fettarm. So beugen Sie Sodbrennen vor.

Schluckauf

Gegen Schluckauf hilft eine Messerspitze Salz, das Sie auf der Zunge zergehen lassen sollten.

Hautjucken

Hautjucken kann man durch Waschen der betroffenen Stellen mit leichtem Essigwasser lindern. Auf einen Liter Wasser geben Sie drei Esslöffel Essig.

Verbrennungen

Falls Sie kleine Brandwunden haben, sollten Sie diese mit Fett einreiben und hinterher eine rohe Kartoffelscheibe auflegen. Das kühlt und verhindert die Blasenbildung.

Wenn Sie sich verbrannt haben, am besten die betroffene Stelle sofort mit kaltem Wasser kühlen.

Wenn Sie sich die Zunge verbrannt haben, dann kann kühle

Sahne Linderung bringen. Sie können auch einen Eiswürfel lutschen.

Bei stärkeren Verbrennungen sowie bei Sonnenbrand rohes Eiweiß auf die verbrannten Hautpartien auftragen und trocknen lassen. Nicht abwaschen, sondern warten, bis das Eiweiß von selbst abbröckelt.

Bei Sonnenbrand hilft eine Kompresse aus gewaschener Petersilie, die Sie öfters wechseln sollten.

Sehr kühlend und angenehm ist das Auftragen von kaltem Naturjoghurt. Er lindert den Schmerz, versorgt die Haut mit Feuchtigkeit und wirkt außerdem beruhigend.

Landfrauen-Tipp

Bei einem leichten Sonnenbrand hilft es, kühlen Naturjoghurt oder Quark auf die schmerzenden Stellen aufzutragen. Dies beruhigt die Haut, und die enthaltenen Milchsäurebakterien wirken zudem schmerz- und entzündungslindernd. Verwenden Sie Joghurt oder Quark jedoch nur, solange sich auf der geröteten Haut keine Blasen gebildet haben, damit es nicht zu einer Infektion mit den Milchsäurebakterien kommt. Achten Sie auch darauf, dass der Quark oder Joghurt nicht richtig antrocknet, denn die Haut muss noch atmen können.

Wund gelaufene Füße

Waschen Sie vor einer Wanderung Ihre Füße kalt ab und reiben Sie sie anschließend mit Hautöl ein. So verhindern Sie das Wundlaufen Ihrer Füße.

Schlaflosigkeit

Bei hartnäckiger Schlaflosigkeit helfen 20 Tropfen Baldrian auf einem Stückchen Zucker, das Sie langsam im Munde zergehen lassen sollten.

Wenn Sie einige Tropfen Rosenöl auf einen Wattebausch träufeln und diesen in die Nähe Ihres Kopfkissens legen, werden Sie ebenfalls wohlig einschlafen.

Wer auf Pillen oder Medikamente verzichten möchte, sollte kurz vor dem Schlafengehen heiße Milch mit Honig trinken. Dieses natürliche Schlafmittel wirkt ausgezeichnet.

Insektenstiche

Wenn Sie von einer Biene oder einem anderen Insekt gestochen wurden, dann hilft ein aufgetragener Salzbrei. Er lindert den Schmerz und verhindert das Auftreten eines Geschwulstes.

Insektenstiche verlieren auch durch eine Behandlung mit Essigwasser ihren Schrecken.

Ein geeignetes Mittel gegen den Juckreiz oder das Ausbilden eines Geschwulstes ist Quark.

Sollten Sie während eines Spaziergangs von einem Insekt gestochen werden, kauen Sie ein Blatt des Spitzwegerichs und legen Sie es dann auf den Stich. So vergeht der Juckreiz.

Ein Brei aus Zwiebeln, auf den Insektenstich aufgetragen, wirkt ebenfalls stark schmerzlindernd.

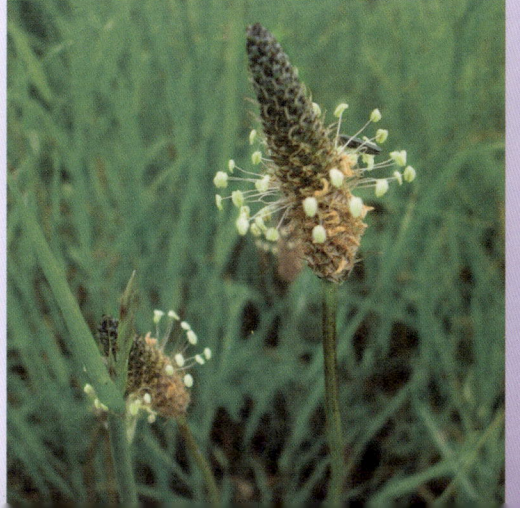

Muskelkater

Nach sportlichen Anstrengungen kann es zu Muskelkater kommen. Diesen können Sie mildern, indem Sie ein heißes Vollbad nehmen.

Falls Sie an Muskelkater leiden, sollten Sie mit Sport möglichst nicht so lange warten, bis er vorüber ist, sondern gleich mit dem Sport weiter machen. Das ist das beste Mittel gegen Muskelkater.

Gesichtsmaske

Aus Gurkenmus mit etwas Zitronensaft vermischt, lässt sich eine wunderbare Maske herstellen, die die Haut erfrischt und die Poren verengt.

Eine Gesichtsmaske aus in Milch, Sahne und Mandelöl schaumig geschlagenem Eigelb wirkt Falten entgegen. Verrühren Sie diese Masse mit einem Spritzer Zitronensaft und lassen Sie sie circa eine halbe Stunde einwirken. Besonders bei großporiger Haut ist diese pflegende Maske angezeigt.

Schöne Haut macht auch eine Gesichtsmaske aus fein geriebenen Äpfeln und ein wenig Zitronensaft. Etwa zehn Minuten einwirken lassen und lauwarm abspülen.

Versuchen Sie einmal eine Honigmaske: Ein Eigelb mit etwas Honig und Pflanzenöl vermischen, auf die Haut auftragen, rund 20 Minuten einwirken lassen und lauwarm abwaschen. Diese Maske gibt Ihrer Haut lebensnotwendige Nährstoffe und lässt sie schön glatt und strahlend erscheinen.

Wenn Sie Mandelkleie im Haus haben, so können Sie sie mit etwas angewärmter Milch verrühren und sich die Maske auf das Gesicht auftragen. Das reinigt die Poren.

Landfrauen-Tipp

Nicht nur mit angewärmter Milch, auch vermengt in Kamillentee ist Mandelkleie ein altbewährtes Hausmittel zur natürlichen Gesichtspflege bei fettiger und zu Unreinheiten neigender Haut: Verrühren Sie zwei Esslöffel Mandelkleie mit ein wenig aufgebrühtem, noch warmem Kamillentee, bis eine breiige Paste entsteht. Tragen Sie die noch warme Maske auf ihre Gesichtshaut auf, lassen Sie sie etwa 20 Minuten einwirken und waschen Sie anschließend alles mit reichlich lauwarmem Wasser ab. So werden alte Hautschüppchen sanft abgelöst und die Haut fühlt sich besonders sanft an.

Hautreinigungsmittel

Vorzüglich für die Reinigung Ihrer Haut eignet sich Butter: Tragen Sie sie dünn auf, lassen Sie sie einige Zeit einwirken und entfernen Sie sie dann wieder mit Kosmetiktüchern. Das Ergebnis wird Sie erstaunen.

Mischen Sie den Saft einer frischen Orange mit ein wenig Milch. Dieses Gesichtswasser hat eine hervorragende Reinigungskraft. Geeignet ist auch Tomatensaft, mit etwas Glycerin versetzt.

Porentief rein macht frisch gepresster Karottensaft. Tragen Sie ihn mit einem Wattebausch auf und lassen ihn eine gute Viertelstunde einwirken. Anschließend mit lauwarmem Wasser gründlich abwaschen.

Auch Wein reinigt und stimuliert. Verwenden Sie bei trockener Haut Weißwein, bei empfindlicher hingegen roten.

Landfrauen-Tipp

Frisch gepresster Karottensaft tut viel Gutes für die Gesundheit. Kein anderes Gemüse enthält mehr Beta-Carotin: Diesen Pflanzenfarbstoff, dem die Karotten ihre orange Farbe verdanken, wandelt unser Körper in Vitamin A um, das unter anderem für die Sehkraft der Augen wichtig ist. Ein Glas Karottensaft hilft auch bei Sodbrennen:
Die Pektine in den Möhren binden Giftstoffe und neutralisieren überschüssige Magensäure.

Empfindliche Haut

Als Badezusatz für empfindliche Haut eignet sich Folgendes: Geben Sie zwei bis drei Pfund Kleie in ein Säckchen und nähen es zu. Diese Menge langt für ein Vollbad.

Wenn Sie eine sehr empfindliche Haut haben, dann benutzen Sie am besten Produkte aus der Babypflege. Deren Wirkstoffe sind besonders mild.

Fettige Haut

Wenn Sie fettige Haut haben, können heiße Waschungen oder heiße Kompressen Abhilfe schaffen.

Wunderbar glatt und weich wird Ihre Haut, wenn Sie in regelmäßigen Abständen pures Eiweiß auf das vorher gereinigte Gesicht aufgebracht haben. Am besten funktioniert das mit einem Pinsel. Das Eiweiß so lange auf der Haut lassen, bis es angetrocknet ist. Anschließend gründlich abwaschen.

Glatte Haut

Reiben Sie Ihre Haut mit Kartoffelscheiben ab. Dadurch wird sie sehr schön glatt.

Empfehlenswert ist auch eine Maske aus Kampfermus: In eine Tasse kochenden Wassers einige Blätter Kampfer einweichen, zehn Minuten ziehen lassen und zu Mus verarbeiten. Dann die Masse aufs Gesicht auftragen und nach 20 Minuten mit lauwarmem Wasser wieder gründlich abwaschen.

Straffe Haut

Welke Haut wird rasch wieder straff und frisch durch Wechselwaschungen. Duschen Sie erst so heiß, wie Sie es vertragen, dann kurz kalt duschen. Wiederholen Sie den Vorgang mehrere Male.

Durch tägliche Waschungen mit Buttermilch strafft sich Ihre Haut. Kleine Fältchen verschwinden.

Landfrauen-Tipp

Ein einfaches und dennoch sehr wirkungsvolles althergebrachtes Hausmittel zur Pflege von fettiger oder entzündeter Haut ist die Sauerkrautmaske: Verteilen Sie etwa 100 Gramm rohes Sauerkraut auf Gesicht und Hals, lassen es rund 20 Minuten einwirken und waschen anschließend alles gründlich mit lauwarmem Wasser wieder ab.

241

Trockene Haut

Gönnen Sie trockener Haut ab und zu eine Quarkmaske: Einfach Speisequark auf dem Gesicht verteilen und einziehen lassen. Wenn der Quark leicht angetrocknet ist, das Gesicht mit klarem Wasser waschen.

Waschen Sie trockene Haut nicht mit Seife. Dadurch trocknet sie nur noch weiter aus. Eine geeignete Alternative ist Mandelkleie.

Eine dick aufgetragene Sauerteigmaske hilft ebenfalls gegen trockene Haut.

Unreine Haut

Waschen Sie unreine Haut regelmäßig mit heißem Wasser und kühlen anschließend die Haut mit klarem, kaltem Wasser ab.

Bei unreiner Haut sollten Sie auf den Verzehr von Süßigkeiten, insbesondere von Schokolade, verzichten.

Haarpflege

Ihr Haar wird weich wie Seide, wenn Sie es mit einer Ölpackung behandeln. Hierzu eignet sich besonders gut süßes Mandelöl. Wenden Sie die Packung vor jeder Haarwäsche an und lassen Sie sie circa eine halbe Stunde einwirken.

Fügen Sie der Haarspülung ein wenig Essig hinzu, dann erhält Ihr Haar wieder seinen natürlichen Glanz.

Ihre Haare können Sie festigen, indem Sie es mit Bier waschen. Das gibt auch Glanz. Wenn Sie das Bier etwas anwärmen, verstärken Sie den Effekt.

Um die Kämmbarkeit von langen Haaren zu erleichtern, spülen Sie sie nach der Haarwäsche mit Essigwasser.

Olivenöl, das ins Haar einmassiert wird, hilft bei brüchigen und splissigen Haaren.

Landfrauen-Tipp

Wenn Ihr Haar Kräftigung benötigt, wird es sich über ein vitalisierendes Kräutershampoo freuen. Nehmen Sie dazu je eine Handvoll Kamille und Rosmarin und mischen ein paar zerstoßene Lorbeerblätter darunter. Diese Zutaten mit einem Liter kochenden Wassers übergießen und nach drei Minuten abseihen. Mit einem Teelöffel Flüssigseife mischen und gut ins Haar massieren. Sorgfältig mit lauwarmem Wasser ausspülen.

Fettiges Haar

Waschen Sie fettiges Haar niemals mit eiskaltem oder sehr heißem Wasser. Extreme Temperaturen regen die Talgdrüsen an:
Fettiges Haar fettet dann also noch schneller.

Ein geeignetes Mittel gegen fettiges Haar ist eine Spülung mit
Bier. Waschen Sie das aber nicht wieder aus Ihren Haaren heraus,
sondern lassen Sie es im Haar.

Haarwäschen mit Kamillentee eignen sich ebenfalls sehr gut
zur Pflege von fettigem Haar.

Mischen Sie ein Eigelb mit einem Schnapsgläschen Rum und
reiben Sie diese Mischung als Kurpackung gleichmäßig ins Haar,
lassen Sie sie eine halbe Stunde einwirken und spülen Sie sie
gründlich aus, auch um den Geruch wieder aus Ihrem Haar zu
bringen.

Graues Haar

Mischen Sie Essig und warmes Wasser im Verhältnis eins zu drei und waschen Sie Ihr Haar regelmäßig damit. Dadurch bleibt die natürliche Haarfarbe erhalten.

Landfrauen-Tipp

Apfelessig zaubert Glanz ins Haar. Geben Sie nach dem ersten Ausspülen des Shampoos eine verdünnte Mischung aus Apfelessig und warmem Wasser langsam über das feuchte Haar und massieren Sie diese gleichmäßig ein. Da der saure Apfelessig die einzelnen Haare zusammenzieht, glättet sich ihre Struktur, sie sind leichter kämmbar und erhalten einen seidigen Glanz. Regelmäßig angewendet lässt sich mit der Apfelessig-Massage auch die Entstehung von grauen Haaren erfolgreich hinauszuzögern.

245

Trockenes Haar

Als Folge einer Unterversorgung mit Talgfett entsteht trockenes Haar. Mischen Sie je nach Haarlänge zwei bis drei Eigelb mit ein wenig Wasser und tragen Sie diese Mixtur auf Ihre Kopfhaut auf. Nach einer Einwirkzeit von 20 Minuten gründlich ausspülen. So verbessern Sie die Arbeit der Talgdrüsen und den Fetttransport ins Haar.

Wirksam bei trockenem Haar ist auch eine Masse aus gekochter Kleie und Wasser, die Sie als Kur auf Ihr Haar geben sollten. Gründlich ausspülen und anschließend Klettenwurzelöl ins noch feuchte Haar einmassieren.

Ernähren Sie sich Ihrem Haar zuliebe sehr vitaminreich. Ein Mangel an Vitaminen ist ein Grund für trockenes Haar.

Bei trockenem Haar sollten Sie grundsätzlich auf Fönen verzichten. Die Heißluft lässt das Haar sehr spröde wirken.

Schuppen

Kopfschuppen behandeln Sie am besten mit Lindenblütentee. Waschen Sie regelmäßig Ihre Haare damit.

Gegen Schuppen können Sie folgendermaßen vorgehen: Massieren Sie regelmäßig etwas Klettenwurzelöl in die Kopfhaut ein. Das lässt die Kopfhaut geschmeidig werden und schränkt die Schuppenbildung ein.

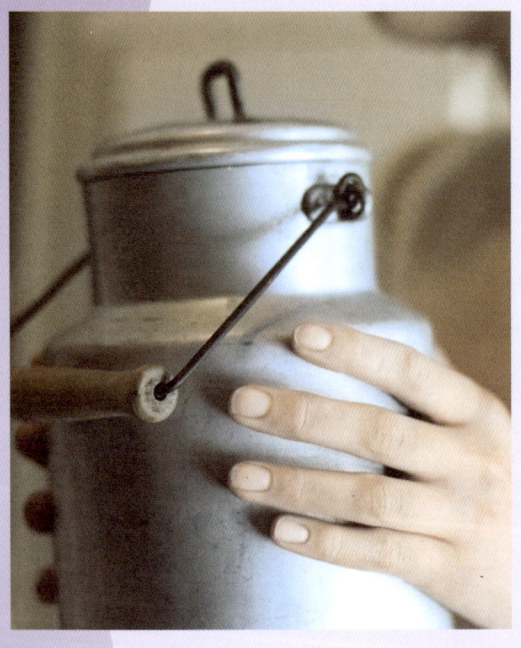

Geschmeidige Hände

Schöne, geschmeidige Hände erhalten Sie, wenn Sie sie nach dem Waschen gründlich mit Zitronensaft einreiben und den Saft gut in die Haut einmassieren.

Raue Hände

Wenn Sie sehr raue Hände haben, probieren Sie Folgendes: Nehmen Sie eine Handvoll Hafer-flocken und übergießen Sie diese mit kochendem Wasser. Lassen Sie sie eine Weile ziehen und baden Sie Ihre Hände darin, sobald das Wasser handwarm ist.

Sind Ihre Hände extrem rau, sollten Sie Ihnen eine richtige Kur gönnen. Tragen Sie einfach vor dem Schlafengehen dick Handcreme auf und ziehen Sie Spülhandschuhe darüber. Die Wärme lässt die Creme besser wirken, und Sie haben am nächsten Morgen schöne und geschmeidige Hände.

Vermischen Sie Hautcreme mit etwas Butter und tragen Sie diese Mischung auf Ihre rauen Hände auf. Auf diese Weise werden sie wieder weich.

Schütten Sie einen halben Löffel Zucker samt ein wenig Massageöl in Ihre Handflächen und reiben Sie beides gründlich in die Haut. Anschließend die Reste mit warmem Wasser abspülen.

Landfrauen-Tipp

Wenn Sie zu trockener, spröder und aufgesprungener Haut an den Händen neigen, geben Sie etwa drei Esslöffel Honig in eine Schüssel mit warmem Wasser und baden Sie Ihre Hände für 10 Minuten darin. Besonders nach dem Spülen und schwerer Hausarbeit ist dies ein altbewährtes Hausmittel für streichelzarte Hände.

Bildnachweis

Studio Klaus Arras, Köln: S. 201, 210-213, 214 links, 215-218, 219 rechts.

Hans-Werner Bastian, Brühl: S. 21-33, 35-45, 47-48, 51-57, 61, 68, 70, 73-78, 81-82, 85-86, 89-94.

Fotolia.com: S. 6/7 © Stefan Körber; S. 8, 11, 14, 20, 34, 46, 50, 65, 79, 83, 87, 88, 95, 96, 100, 102, 150, 198, 220, 224, 226, 255 © pingouine; S. 9 © Kzenon; S. 10 © pgm; S. 12 © Kzenon; S. 13 © dream79; S. 15 © Michael Hahn; S. 16 © Kzenon; S. 17 © Stefan Körber; S. 19 © Kzenon; S. 97 © Monster; S. 98 © Subbotina Anna; S. 99 © Christian Jung; S. 101 © cmfotoworks; S. 131 © Sunny Forest; S. 152 © airborne77; S. 157 links © Christian Jung; S. 159 © rechts PhotoSG; S. 163 © Fotos & Medien; S. 184 © Sea Wave; S. 197 © PhotoSG; S. 199 © racamani; S. 200 © The Photo Guy; S. 219 links © unpict; S. 221 © Subbotina Anna; S. 222 © petrabarz; S. 223 © Christian Malsch; S. 225 © Kati Molin; S. 226-227 © Subbotina Anna; S. 228 oben © M. Schuppich; S. 228 unten © Eva Gruendemann; S. 229 © Sabine Teichert; S. 230 oben © Barbara-Maria Damrau; S. 230 unten © Dušan Zidar; S. 231 © volff; S. 232 © oben Bernd Kröger; S. 232 © unten maram; S. 233 © lidante; S. 234 © petrabarz; S. 235 unten © boedefeld2; S. 237 © Picture-Factory; S. 238 oben © cohelia; S. 238 unten © africa; S. 239 links © sil007; S. 239 rechts © ampFotoStudio.com; S. 240 oben © Viktorija; S. 240 Mitte © Jeanette Dietl; S. 240 unten © dusk; S. 241 © HLPhoto; S. 242 oben © Cogipix; S. 242 unten © Carmen Steiner; S. 243 oben © Riccardo Bruni; S. 243 unten © Laurent Hamels; S. 244 © Václav Mach; S. 245 © Dušan Zidar; S. 246 oben © creative studio; S. 246 unten © Hildebrandt; S. 247 links © unpict; S. 247 rechts © slightly_mad; S. 248 © knipsit; S. 249 © Jiri Jura.

Peter Himmelhuber, Regensburg: S. 59, 63, 66, 71, 72.

Edina Stratmann: S. 151, 153-156, 157 rechts, 158, 159 links, 160-162, 164-167.

Robert Stulier: S. 203, 204, 207.

TLC Fotostudio, Velen-Ramsdorf: S. 103, 104-109, 111, 113-119, 121-122, 124-126, 128-130, 133-141, 143-145, 147-149, 168-170, 173-175, 177-182, 185-189, 191-196, 214 rechts, 235 oben; 236.